历史疑案系列
LISHI YIAN XILIE

晚清四大奇案之谜

深度揭秘清朝末年奇情冤案，案情扑朔迷离结局出人意料

破解惊天谜案，澄清野史轶事
看透宫廷心计！

冷月 编著

内蒙古出版集团
内蒙古文化出版社

图书在版编目（CIP）数据

晚清四大奇案之谜 / 冷月编著 . — 呼伦贝尔 : 内蒙古文化
出版社 , 2014.7

ISBN 978-7-5521-0698-5

Ⅰ . ①晚… Ⅱ . ①冷… Ⅲ . ①中国历史—清代历史事件—
清后期 Ⅳ . ① K249.305

中国版本图书馆 CIP 数据核字（2014）第 156221 号

晚清四大奇案之谜
冷月 编著

内 蒙 古 出 版 集 团

出版发行　内 蒙 古 文 化 出 版 社

（呼伦贝尔市海拉尔区河东新春街 4 付 3 号）

印刷装订　北京富达印务有限公司

责任编辑　王　春

开　　本　710×1000 毫米　1/16

印　　张　15.5　字　　数　141 千

版　　次　2015 年 1 月第 1 版

印　　次　2015 年 1 月第 1 次印刷

书　　号　ISBN 978-7-5521-0698-5

定　　价　30.00 元

前　言

　　晚清时期，是中国社会大变革的时代，当时西方国家的思想和观念汹涌而来，国内则有各种势力的明争暗斗。在文化方面，又有各种学派宣扬学说，报纸和杂志也在那一时期兴起，造就了媒体的强势崛起，磅礴的时代风云席卷中华大地的各个角落，激起思想和伦理观念的频繁而激烈的碰撞，人们经历五千年未见的"头脑风暴"。在这样的时代之中，一些富含多重元素的小事情，就像蝴蝶效应一样，在一些因素的干预和推动下，极有可能造成广泛的影响和引起深远的变革。晚清四大奇案便是如此。

　　有清一代，本就谜案众多，而清末尤甚。在道光至慈禧太后垂帘听政的清朝末年，即道光、咸丰、同治、光绪四朝，大清国吏治不修，官场贪渎，社会乱象丛生，各地曾发生无数的奇情冤案，其中以杨乃武与小白菜案、名伶杨月楼冤案、太原奇案、张汶祥刺马案最为轰动，统称为"晚清四大奇案"。这四个案件，案情复杂，牵连甚广，过程曲折，跌宕起伏，出人意料，引人入胜，为世人所热议和争论，历久不衰。案发后皆有戏曲、小说、剧本、影视作品等对其进行演绎，影响巨大。

晚清四大奇案之中，除刺马案外，都属民事案件，但造成的社会影响却十分巨大，杨月楼冤案和杨乃武与小白菜冤案甚至都是在大清国最高层的慈禧太后的关注和干预下才得到解决的，这反映了当时官场的黑暗，更说明当时的政治体制已不符合社会发展的趋势和人民思想意识水平的要求，社会大变革势必横扫一切，晚清四大奇案，是时代和社会变革的警钟，其音铿锵，响至今日。

本书将晚清四大奇案以讲故事和谜案解读相结合的方式进行阐述，让您切身体会案情的进展与人物的心理，既有故事的趣味性，也有知识的丰富性，讲述时还深入挖掘了案情背后的故事和人物，并广泛展现案件产生和发展的社会背景以及案件对社会发展和变革的现实意义，为您拨开历史的迷雾，厘清案件的脉络，站在社会发展的高度并结合人性善恶的深度，去读历史、察人心。

晚清四大奇案之谜

【第一部分】 杨月楼与韦阿宝案

杨月楼奇案，亦奇亦冤 …………………003

武生杨月楼，名声满天下 …………………004

京调非偏爱，贪看杨月楼 …………………006

韦家阿宝，看戏生情 …………………008

月楼婉拒，阿宝相思 …………………010

明媒正娶，阻碍重重 …………………012

良贱不通婚，抢亲巧过门 …………………015

有情人难成眷属，新婚日却被下狱 …………018

本是一场好姻缘，却成拐盗妇女案 …………020

糊涂案出，两派对辩 …………………022

韦父抛却亲情，官府重判此案 …………………024

官府来回"踢皮球"，糊涂冤案自难翻 ……026

叶廷眷打压《申报》，韦阿宝被迫嫁人 ……028

杨月楼因戏免罪，遇特赦遣送回籍 …………030

重操戏剧业，娶女沈月春 …………………032

社会意义深远，终引伦理变革 …………………034

晚清四大奇案之谜

【第二部分】 太原奇案

太原奇案，起于悔婚 …………………039

张百万逼女改嫁，张玉姑携郎私奔 …………041

张玉姑投亲不成，张金姑私会和尚 …………043

张百万寻女不遇，张金姑柜锁情郎 …………045

色和尚闷死柜中，张百万李代桃僵 …………048

色和尚"诈尸"，张金姑助逃 …………………050

色和尚盗窃，莫老实赠衣 …………………052

叶阿菊早起打水，色和尚欲行奸淫 …………054

色和尚因奸丧命，吴屠户井中抛尸 …………056

杨重民一衣找凶，莫老实受冤下狱 …………058

王师爷以案喻案，杨县令因驴疑人 …………060

张百万隐瞒真相，莫老实屈打成招 …………063

杨重民三日结案，曹文璜仗义申冤 …………066

曹文璜说出真相，张百万掩盖事实 …………069

杨县令不受贿赂，师爷得不法之财 …………072

沈知府贪赃枉法，曹文璜无故下狱 …………075

陈砥节得升知府，冤案万幸得转机 …………077

陈砥节公平决断，张百万伏首认罪 …………079

莫老实无罪释放，吴屠户认罪伏法 …………081

冤案昭雪成奇案，众口相传失其真 …………085

【第三部分】 张汶祥刺杀马新贻案

政坛新秀马新贻，治理两江政绩多 …………089

马新贻校场阅兵，张汶祥突袭得手 …………091

总督被刺缘由奇，刺客反成侠义士 …………094

本是千古一惨案，却成戏说好题材 …………097

为民造福政绩多，死因成谜难分辨 …………099

群公章奏分明在，不及歌场独写真 …………109

"刺马"一案事奇绝，慈禧太后令严办 ……110

张之万急赴江宁，魁将军日夜审案 …………113

张之万拖延办案，张汶祥任意污蔑 …………118

曾国藩泥潭脱身，回江宁不断拖延 …………121

丁惠衡致死人命，丁日昌无辜被疑 …………125

曾国藩挽联致哀，郑敦谨急赴江宁 …………131

郑敦谨严审凶犯，张汶祥信口开河 …………136

袁保庆仗义执言，曾国藩自作主张 …………139

"尚属可信"成定案，慈禧太后不深究 ……143

孙衣言记碑暗讽，郑敦谨自愧辞官 …………146

真相难觅刺马案，幕后真凶何许人 …………150

曾国荃天京寻宝，马新贻暗查宝藏 …………154

湘军势大已成患，清廷惩治力不逮 …………161

众说纷纭成谜案，颠倒黑白一闹剧 …………164

晚清四大奇案之谜

【第四部分】 杨乃武与小白菜案

余杭丽人小白菜，家贫难嫁如意郎 ……………171

杨乃武与小白菜，有情人难成眷属 ……………174

刘子和奸淫秀姑，杨乃武巧治贪官 ……………178

何春芳行淫未遂，葛品连一命呜呼 ……………180

俞氏报案疑死因，陈湖信口谤他人 ……………184

县令嫁祸杨乃武，仵作难判葛死因 ……………187

小白菜身陷囹圄，何春芳欺诈粮民 ……………189

刘锡彤暗使手段，小白菜屈打成招 ……………193

杨乃武被抓入狱，杨昌浚错判冤案 ……………196

刘锡彤结案定罪，"钱宝生"无辜被冤 ……203

蒯贺荪怀疑案情，杨乃武错失良机 ……………203

杨菊贞为弟伸冤，胡雪岩义助杨氏 ……………204

夏同善暗中指点，杨昌浚再办此案 ……………207

王书瑞弹劾巡抚，胡瑞澜糊涂断案 ……………209

边宝泉上奏责问，醇亲王言有青天 ……………213

刑部主审"杨毕案"，媒体揭露案中情 ……216

三法司会审冤案，验尸身证明无毒 ……………220

"杨毕案"真相大白，丁宝桢欲行阻拦 ……222

王御史上奏严惩，百余官顶戴被摘 ……………224

千古奇冤杨毕案，劫波历尽度余生 ……………229

附录：中国清代皇帝简表 ……………234

参考资料 ……………235

杨月楼与韦阿宝案

第一部分

杨月楼奇案，亦奇亦冤

　　杨月楼奇案发生于1873年，是清末一桩极有社会影响的大案。该案属婚姻伦理方面的案子，主要人物有两位，男方为杨月楼，女方为韦阿宝，故该案又名杨月楼与韦阿宝之案，但由于杨月楼是众所周知的公众人物，所以该案常仅以他的名字命名，称为"杨月楼奇案"。

　　该案虽称"奇案"，其实一点也不奇，因为该案并无曲折复杂的案情，也没有扑朔迷离的疑点，案中证据、口供也很齐备，那么该案为什么能入选晚清四大奇案，且位居四大奇案之首呢？这是因为该案对清末中国社会变革的影响极大，使世人因之对旧观念旧礼教产生了反思和对社会变革起到了强大的推动作用，为其他三案所不及。

　　这一案件为什么有那么大的影响力呢？其关键只在一个"冤"字，所以本案又名"杨月楼冤案"，冤就是不公平，但在当时，人们明知其冤，却又对其毫无办法，是以曾激起巨大民愤，并对中国的社会伦理及法律制度都产生了极大影响。

　　要了解这一案件，须先了解杨月楼其人，下面先介绍一下杨月楼生平事迹。

武生杨月楼，名声满天下

　　杨月楼是清末时很受欢迎的戏曲演员，名久昌，派名久先，字月楼，徽怀宁人（今安徽省怀宁县），他体魄魁梧，嗓音洪亮结实，唱、念讲究字韵，起扮相仪表堂堂，有"天官"之誉。

　　在戏曲艺术上，杨月楼以宗奎派为主，在此（张二奎）基础上又兼具程派（程长庚）、余派（余三胜）两派之长。唱功文武皆能，动作灵活如猴，猴戏尤被赞赏，因为演出孙悟空非常出色，有"杨猴子"、"美猴王"之誉。并以武戏文唱著名，形成"老杨派"之艺术风格。其代表剧目文戏以《打金枝》、《金水桥》、《回龙鸽》（或称《回龙阁》）、《五雷阵》等奎派戏见长，武戏《长坂坡》、《恶虎村》、《贾家楼》等为杰作，猴戏代表剧目有《安天会》、《水帘洞》、《泗州城》。此外还擅演《四郎探母》、《安五路》、《镇潭州》、《御碑亭》、《群英会》、《取南郡》、《定军山》、《阳平关》、《戏妻》、《下河东》、《黄鹤楼》、《连环套》、《翠屏山》、《芭蕉扇》、《五花洞》、《蟠桃会》、《金钱豹》等。

　　杨月楼生于1844年，父亲杨基旺（人称杨二喜），为卖艺拳师（一说为清道光年间徽班武旦演员）。清朝咸丰年间，杨月楼随父亲到北京天桥卖艺，为徽剧名角"忠恕堂"堂主张二奎赏识，张二奎遂聘杨二喜为教师，收杨月楼（时名久昌）为弟子，使其专攻武生一角。

　　张二奎，又名士元，衡水县（今河北省衡水市桃城区）人，随先辈

经商到北京，自幼好戏，常出入
票界，因嗓音洪亮遂以演唱为业，
很快成名，后出任"四喜班"主
演和领班人。他常入清宫为皇家
献唱，咸丰皇帝曾将其与余三胜、
程长庚并称"老生三杰"。

杨月楼戏装像

张二奎"嗓音洪亮，行腔
不喜曲折，而字字坚实，颠扑不
破"。在演唱、说白的声腔字音
上，更多地吸收了北京的一些语
音特点，时称"京派"或"奎
派"。其演唱中不仅以唱功见长，而且十分注重作功气派，擅长角色如
《金水桥》中的李世民、《回龙阁》中的薛平贵、《打金枝》中的郭子仪、
《探母》中的杨延辉、《捉放曹》中的陈宫等。当时流传着一首歌："四
喜来个张二奎，三庆长庚皱皱眉，和春段二不上座，急得三胜唱两回。"

咸丰初，张二奎自立"双奎"戏班，寓号为"忠恕堂"，并当选为
精忠庙会首。杨月楼就是此时随父亲加入张二奎的"忠恕堂"的，忠恕
堂以"玉"字排名，杨月楼在堂中排名玉楼，与陆玉凤、沈玉莲、俞玉
笙（俞菊笙，为俞振庭之父）同门。杨月楼在忠恕堂演老生，兼演武
生，与俞菊生为张二奎左膀右臂，一时有"忠恕堂文武双璧"之称。

咸丰末年，杨月楼艺成满师，自立"忠华堂"课徒授艺。1873 年
初，杨月楼来到上海，搭起戏班开始演出，隶属丹桂园。他与韦阿宝之
案就发生在这年年末，一时闹得沸沸扬扬，杨月楼也被下狱，即将发配
黑龙江充军，适逢不久后光绪皇帝即位大赦天下，杨月楼得以免罪出
狱，后至北京，在隶春台班唱戏。到了 1876 年，他又复至上海，开班
鹤鸣园，后又离沪。

张二奎过逝后，杨月楼被"京剧鼻祖"程长庚约入三庆班，并为程
长庚所器重。

程长庚，名椿，谱名程闻檄，一名闻翰，字玉山（一作玉珊），号荣椿，乳名长庚。祖居安徽怀宁石牌镇，1811年出生于潜山县王河镇程家井，清朝同治、光绪时期技艺非凡、声名赫赫的京剧表演艺术家，京剧鼻祖，工文武老生，是徽班进京后由演唱徽调、昆腔衍变为京剧的十三位奠基人之一。当时有一位叫做沈蓉圃的画家绘有一本叫做《同光两朝名伶十三绝》的画谱，介绍了当时十三位在中国戏剧界最有名气的人，其中辈分较高的就是程长庚，他一生多演出忠义爱国讲气节的戏，多扮伍子胥、岳飞、鲁肃、祢衡等气节人物，曾因英法联军入侵而口吐鲜血。他曾任三庆班主，同仁尊称其大老板。又曾任精忠庙庙首，三庆、春台、四喜三班总管。他学识渊博，能唱戏300余出。

光绪四年（1878年）底，由程长庚呈请，杨月楼被保选为四品顶戴的精忠庙（梨园公会前身）庙首并兼领三庆班。1882年程长庚去世，杨月楼接掌三庆班近十年之久，在京、沪享有盛名。光绪十四年（1888年）十一月经张淇林保荐，与王楞仙同被选入清宫升平署，进宫承差，供奉内廷，曾多次为慈禧太后演出。光绪十六年六月初一病逝于宣南右顺胡同寓所。他在弥留之际托孤于盟弟谭鑫培，望其精心培育三元（即杨小楼）成才，并嘱三元拜在谭氏膝下为义子，按谭氏家谱排名嘉训，杨小楼后成为京剧一代宗师。

京调非偏爱，贪看杨月楼

杨月楼与韦阿宝之案，就发生在杨月楼首次赴上海在丹桂园演出之

晚清四大奇案之谜

际。这时的杨月楼在中国戏剧界已很有名气，与老师张二奎和京剧鼻祖程长庚等同为"同光十三绝"之一。据说他有几出戏唱得非常好，其中有一出叫《长坂坡》，他饰演的是主角赵云，这出戏是他每年的压轴戏，他在这出戏一登场，看戏的人们就会鸦雀无声，到了戏中打斗的紧张场面时，场下的观众噤若寒蝉，呆若木鸡，到他这戏谢幕的时候，看戏人的喝彩声震屋瓦，可见其人其戏的受欢迎程度。

丹桂园是上海创建最早的营业性戏园之一，与金桂园同是沪上最有影响的清末京剧茶园之一，主要表演节目为京剧，兼表演西方魔术等其他艺术。创立者刘维忠邀北京三庆班名角参加开张演出，引起轰动。第二年又聘周春奎等名角演出，从此北京名角南下不绝，其中不少人长期滞沪，不仅使丹桂园营业日盛，而且为京剧南下、为上海成为南方京剧中心奠定基础。

为吸引和招揽观众，丹桂园穷极奢华，除了富丽堂皇的中式装修，还采用了当时从西方引进的最先进的煤气纱罩灯，悬挂于戏园大门口和戏台前，作为照明工具，戏园内有为阔绰主顾们设置的"官厅"、"包厢"，也有为普通观众安排的"楼厅"、"边厅"。不同档次座位戏价各异，除有茶供品尝外，还有瓜子、点心供应，日夜热闹非凡，每当夜戏开演，观众坐在戏园里，但觉"最为巧妙绝烟氛，地火光明面半醺。上

丹桂园戏台

下楼台都照澈，暗中机括熟能分。"桂园观剧曾被推崇为晚清上海租界的十大景观之首。有诗称"丹桂园兼一美园，笙歌从不间朝昏。灯红酒绿花枝艳，任是无情也断魂。"

杨月楼在上海丹桂园演出越来越火，到了这年的冬季，他已成了上海最受欢迎的戏剧演员，当时开办不久的《申报》曾经引述时人描述他当时演出盛况的一首竹枝词，是这样说的："金桂何如丹桂优，佳人个个懒勾留，一般京调非偏爱，只为贪看杨月楼。"

这诗的意思是说，金桂和丹桂是上海两家最大的戏园，但金桂不如丹桂，为什么呢？因为美女们都来这里看戏，只是他们喜欢的不是京剧，而是因为喜欢来看杨月楼。这说明，杨月楼在上海已有了众多的女性"粉丝"。

韦家阿宝，看戏生情

这时的杨月楼未满三十，有段时间常演的一个剧目叫《梵王宫》，此戏又名《叶含嫣》或《洛阳桥》。剧本以元末红巾起义作为背景，描写猎户花云在梵王宫庙会上与贵族耶律寿的妹妹耶律含烟（一作叶含嫣）相遇，因射雕互生爱慕。但耶律寿（一作叶里寿）欺压百姓，谋夺书生韩梅之妻。花云的母亲与耶律含烟设计，以花云乔妆韩妻，乘坐迎亲花轿混入耶律府中，与含烟欢聚，并惩处了耶律寿。因为此戏说的是男女情事，杨月楼又长得十分俊美，演得也非常动人，极受欢迎。

杨月楼演戏的地方位于上海繁华地段的福州路，而这条街上有一所广东香山籍韦姓富商的私宅。韦氏出身官宦之家，曾在上海一家洋行担任买办，后来辞职经商，经常往来于广东、香港、澳门之间。留在家里的妻子和独生女儿，由女儿乳母王氏等服侍照料。

在他演这出戏时，这家广东香山籍韦姓富商的妻女连看了三天，韦家的女儿叫韦阿宝，年方十七岁，当时正是怀春待嫁的妙龄少女，情不自禁对杨月楼心生爱慕，就不顾传统的礼数，私自修了一封情书，托她的奶妈王氏传给了杨月楼，她在这封情书里还附了一张红纸的庚帖，表示自己想嫁给杨月楼为妻。

这样，本案的故事起因便开始了，但是由于后来的社会争议引起的种种传说，使得这个故事从一开始就变得扑朔迷离起来，首先说杨月楼所演的《梵王宫》这部戏，相比其他戏曲而言，这部戏有些晦淫色彩，有挑逗妇女不守妇道之嫌疑；再说韦阿宝的母亲韦氏，由于其嫁于富商之家，其夫常年在外经商，使她独守空房，难免心生寂寞，从她入戏园连看杨月楼三日《梵王宫》一事来看，便知她的空虚程度，同时也说明她心里是很喜欢杨月楼这个戏曲演员的，于是便有人认为此案一开始是韦氏难耐寂寞，勾引杨月楼，杨月楼便和韦氏勾搭在一起，又见韦氏之女年轻貌美，便加诱惑，其女少未更事，就此深爱上杨月楼，韦氏为能

清末上海福州路

长期与杨在一起，便答应将女嫁于杨月楼。

这些都是传说，具体事实也只有当事人知道，但传说越多，越使案件变得像谜一样，本案还接着按杨月楼未识韦氏母女来讲。杨月楼看了这封信后既惊且疑，因为依据传统的社会身份和特权地位而形成的上下尊卑、身份等级关系，他是不可以与这样人家的女儿通婚的。但上海又是个特殊的地方，也自从这里开埠设立租界以后，西洋人就不断涌进这个海边城市，这里也就成了全国最开放的地方，这里的人们也就有了西洋人的社会观念，以往的封建礼教思想也渐渐退出主导地位。本案的女主人公韦阿宝出身富豪之家，自然耳濡目染之下，也是受到了这类观念的影响，在当时写出这样一封求爱信就不足为怪了。

月楼婉拒，阿宝相思

在根据此案演绎的小说中，曾有这样描述杨月楼收到求爱信时的心情："我杨某有幸能得韦小姐垂青，自是感动。不过，我杨月楼毕竟只是一个戏子，身处贱籍。自古良贱攸分，尊卑各别。我与韦小姐之间，地位悬殊，鸿沟拦缘，根本不可能在一起。即使小姐不在乎，但社会舆论、国法、家规都难容此事。"

中国社会自古便是以官为贵，按照传统的观念，贵贱通婚是不合礼法的，且清朝律法规定贵贱不通婚。杨月楼虽然唱戏唱成了名角，而且收入也不少，但是在当时的社会身份结构上，他仍然属于贱籍，也就是他连一般所说的"良民"都不是，所以他才有这样的顾虑。

据说杨月楼接到了韦阿宝的情书后并没有做什么表示，但是那边的韦小姐却不然，韦阿宝望眼欲穿，久等不见心上人的回音，相思成疾，急火攻心，竟生起病来，躺在床上不吃不喝，母亲韦氏看着女

上海十里洋场

儿病势日渐沉重，当然心里万分焦急，她知道女儿这是得了心病，虽然她对女儿看上一个戏子并不满意，但爱女心切，就赶紧又和杨月楼联络，杨月楼听说韦姑娘因自己而生病，大为感动，赶紧来到了韦家。

杨月楼来到后，见韦阿宝因思念自己而"斯人独憔悴"，心里也很过意不去，歉疚地对韦母说："这是我害了小姐，想不到她会如此痴情。"

韦母问："事情既然这样了，你有什么打算。"

杨月楼为难地说："杨某是个唱戏的，为人所贱视，小姐是富室千金，地位相差太远，门不当户不对，恐怕不能成亲，还请您原谅！至于小姐的好意，我杨月楼永生不忘！"

韦母一听此言，急道："我女儿快不行了，你难道见死不救吗？现在救人要紧，还管什么门户高低。她父亲虽然不在家，我当娘的也可做主，不过男女婚嫁毕竟是大事，你得央媒人来说亲，其余都由我来操办。"

韦小姐的一片痴心，让杨月楼感动得差一点掉下眼泪来，也不想负了她的情。而且他已至而立之年，何尝不想早点成家呢，何况对方是一名妙龄小姐，品貌俱佳，他见韦小姐对自己一片真心，也心生爱意。而韦阿宝的母亲又从中说和，于是杨月楼也为情所动，就答应了这门亲事。

得知杨月楼答应亲事，韦阿宝精神大变，相思病立即不治自愈，日日欢天喜地。

明媒正娶，阻碍重重

按照传统的做法，杨月楼既然答应了婚事，那么韦小姐又是富商之女，按规矩就要请媒人来说媒，并达知父母，这是传统婚姻的一个习俗。杨月楼就把这个情况告诉了自己的母亲，杨母也很高兴，就从京城赶到了上海，来替儿子操办这桩婚事。

中国自古视婚姻为极重要的大事，自周公制礼，渐渐形成了一套规则和礼仪，这个规则传统的就叫"六礼"，也叫做婚姻的六礼，婚姻六礼里面的第一项就跟这个媒人有关，第一项叫纳采，什么叫纳采？就是男方相中了哪个女孩子，就要请媒人去女方家提亲，提亲的时候，就要问清楚这个女孩子的生辰八字，也就是前面说的韦小姐在庚帖里面写的那些内容，这是六礼当中的第二个程序，叫"问名"，问名之后要"纳吉"，这是第三个程序，什么叫纳吉？就是媒人得到女方的这些信息之后告诉给男方，男方的家人要在自家的祖宗牌位前卜得一卦，就是告诉自己的祖宗，说我们家要接纳一个新人了，问卦看祖先同不同意，如果卜得是个吉兆，那么就要开始纳征了，这就是第四个程序，也叫纳币，按照今天通俗的说法就是要送彩礼、下聘礼，只要女方接受了男方家的聘礼，这桩婚事基本就算定了，这也相当于现在的订婚。

通常，女方接受了男方的聘礼就不得悔婚，再有人送得礼钱多也不行，这在各朝代都是受法律保护的，不过到了现代，女方要悔婚，退掉男方的礼金即可；同样，如果男方给出了聘礼之后又不同意这门婚事了，那么所送的彩金就不能要了。但一般情况下，婚事一旦定下，男女双方都是不能悔婚的，这是受法律保护的，悔婚之事多是由双方和媒人协商解决，极少经官。

婚事定下后，往往要尽快筹备婚期，通常女方会比较急，所以男方要尽快将婚期定下，这就叫请期，就是男女双方要商议一个结婚的吉日，婚期定下后，就等着最后一道程序了，

杨月楼肖像

即迎亲，迎亲就是将女方接到男方家里来的礼仪，接来后男女举行仪式，以后便成一家人了。古人是很重视这六礼的，认为六礼不备，不宜成婚，这种社会习俗已成了中国人一直沿用的一种制度，并受官方法律保护。

韦阿宝家中豪富，杨月楼当时是名流，所以双方也很讲究走一套正当的程序，即明媒正娶。此时二人正沉浸在婚前相爱相亲的感觉中，完全忽视了他们婚姻道路上的一个潜在拦路虎，即清代严格的等级特权制度，当时的通婚一般仅限于等级内，如王室与诸侯、诸侯与诸侯、贵族与贵族通婚，而一般百姓只能与一样的无职无权的百姓人家结婚。唐代的《唐律疏议》就明确规定："良贱既殊，何宜配合？"明文禁止良贱为婚，犯此条款除追究"违律为婚"刑事责任外，还要"离之"、"正之"，即撤销其婚姻。

不过这类事也不是那么绝对，良贱不通婚在大多数时候属于一种约定俗成的观念，而每个朝代也都有不少不同等级的人通婚的现象，这属于民不告、官不究，没有人反对，官府也不追查。

其实商人在古代也属于贱籍，魏晋时候一个叫王苑的人，贵族身

份，在朝为官，他把自己的一个女儿嫁给了当时的一个富商，这下引得朝中跟他身份地位差不多的人，纷纷谴责这个王苑，说他就为了贪图这个商人的财富，才肯自贱其类，把自己的女儿嫁给了一个商人，说他有辱官家贵族的名声，并且有人就为这个事情弹劾王苑，要把他免官轰回家去。从中我们能看到，那个时候的商人地位是非常低的，这和中国传统的社会结构和世俗观念都有关系，比如那个时候为了贬抑商人，有许多在今天看来非常稀奇古怪的规定，那个时候要求商人在经商的时候，脑门上要系一布条，上面要写上你是做什么买卖的，总之商人的地位非常低下。这些仅限于做小生意的人，那些做大生意的大商人，由于富有钱财，阅历丰富，商人常能凌驾于这种社会等级之上，很多朝代的大商人都与某些大臣和诸侯王有较好的私人关系，且很多商人都会买官，做到官商一体，便完全脱离了商人的低下等级。

封建等级制度历经千年，对于良贱的评价标准也发生了许多演变，商人身份就是其中一个例证。到了清代，商人的地位已得到空前的提高，在社会上已成了一种受尊重的等级，从乾隆年间开始，朝廷为了多收钱财，乾隆皇帝开始公开卖官，即所谓的"捐官"。这对商人提升身份就更有利了，因为商人大都有钱，可以很方便地通过赎钱捐官而谋得一种官方的身份。如"红顶商人"胡雪岩，他就是亦官亦商的身份，一生还收获了无数荣誉。

此案发生的时间与胡雪岩基本同时代，这时的商人实际已成社会中的上层等级，所以这个富商之女的地位也已经跟古时候不一样了，她起码已被视作良民，但杨月楼却不是，因为戏子的身份，他仍属贱民。而这个韦阿宝的父亲恰恰又曾花钱捐了一个官，这样一来，这个韦氏家族也就是官商结合的名位了，因此韦阿宝的社会地位与杨月楼的差距就更大了。

良贱不通婚，抢亲巧过门

清代的法律规定，社会的良民主要有四类人，叫做民、军、商、灶。民通常是指种地的农民，也包括渔民、山民、牧民和一些做工的人等，军是指军人及其家属，商就是做买卖的商人，灶这一类很特别，它是专门负责煮盐的一类民户，像从事仆役、杂耍、唱戏、娼妓的这样一些人的身份都属于贱民，原因可能是他们都不事生产，只从事娱乐、服务业为生，需要取悦和服务于人，因此被视作贱民，而杨月楼虽然唱得极好，挣钱也不少，但身份仍是属于唱戏的，古代叫做优伶。当时倡优并称，也就是他和娼妓是属于一类的，这种身份的划分，再加上传统的这种婚姻习俗，就给杨月楼和韦阿宝的婚姻增添了许多的潜在阻碍，于是两人是否能结婚，也就不一定了。

无巧不成书，两人的事被人知晓后，果然有人阻挠，以宗法制度和良贱不通婚的道理来阻碍。这个人就是韦阿宝的叔叔，叫韦天亮，此人好吃懒做，平时与韦家不太来往。这次听说侄女要嫁人，却没有通知他，心中已有几分不悦，便上门探听虚实。韦母怕他从中作梗，假说男方是天津商人。过了一段时间，韦天亮打听得知，嫂嫂没有说真话，侄女要嫁的人正是红遍上海滩的京剧名角杨月楼，便以法律规定良贱不婚为名责问嫂子，韦母则针锋相对。一阵争吵后，双方不欢而散。

在那个时候，婚姻这种事情跟家族利益是有关联的，所以韦阿宝的叔叔是有权干涉的，加上这人的门第观念很强，认为杨月楼不过是一名优伶，和他们家族通婚有辱门风，还牵强附会地说会影响到整个他们广东香山籍的这些商人，因此他坚持让双方退婚，绝不可以结婚。

但这个时候杨月楼和韦阿宝双方已经通过媒人下了聘礼而且已经递了婚书，双方的母亲也都同意，韦阿宝的父亲因为常年在外经商，这个时候恰恰又不在家中，无法作主。而杨月楼觉得这是他和韦阿宝的事，她的叔叔应该不能作主，可能因此也和她的叔叔闹僵了。

到了这年的十一月，双方商议要完婚了，为了避免韦阿宝这个叔叔的干预，韦阿宝的母亲想了一个招儿，即让杨月楼实行抢婚。抢婚又称抢亲，是一种古老的风俗，比现有的婚姻礼仪的形成时间要早得多，具体做法是男方看中女方后，派人将女方霸道地抢夺过来，这无疑是一种野蛮、暴力和无礼的行径，但由于律法和礼仪制度的完善，这一婚俗渐渐成了男女双方同意、但有其他方面的阻挠的情况下实行的一种婚俗，因此这一婚俗得以延续到今天，并且演化成了一种独特的婚仪形式，云南有几个少数民族现在还有这种习俗，但这只是男女双方商量好的一种婚嫁方式，如阿昌族的抢亲，就是男女双方自由恋爱有了感情，但说亲时女方父母不同意，这时，男女青年便私下定好日子，让男方来抢亲。男方按约好的日子，邀约伙伴深夜摸进女方家，拉着姑娘就跑，姑娘有意高声喊父母，以示自己是被人抢走的。由于女方父母毫无准备，这种抢亲大都比较顺利。

还有的是姑娘有了自己的意中人，而父母又硬要为姑娘选定其他女婿。在两个男子喜欢一个姑娘的情况下，其中一个男子便约同伴把姑娘抢回家中，未抢到姑娘的另一个男子，只能眼巴巴地望着姑娘被抢走，而不能半路劫取。

但也有违背妇女意志的抢亲，若男方喜欢一个女子，女子却不太中意，男方可能会组织人趁姑娘外出不备抢起就跑，抢亲到家，一进门就放鞭炮，当即拜堂。当夜或第二天一早要将姑娘领到较远的亲戚家住下，有时还要躲进深山，直到双方家长谈判妥当才双双回家。

在清代，抢亲是南方地区常见的一种婚俗，并不被人排斥，官府对此也不进行律法管制，所以韦阿宝的母亲决定让杨月楼抢亲。

不过根据传说，这个故事

老上海的繁华街道

在这个时候有了两个版本，一个是说韦家女儿毕竟是富商之女，出嫁总得有点排场，而杨月楼这时也算是沪上名人，为人也还不错，朋友甚多，于是迎亲的一路上扎了不少彩棚，陪嫁的礼品就有许多，韦阿宝的叔叔想当街拦阻，但是被杨月楼这一拨儿的人给冲散了，于是一气之下报了官，将杨月楼告到了官府。

另一个版本则是说在韦阿宝母亲韦氏的安排下，在某个夜晚，由韦阿宝的乳母王氏带着韦阿宝悄悄来到了杨月楼的住处，在形式上算达成了抢亲，也有说是杨月楼本人或差人将韦阿宝从其家里接了过来，总之，杨月楼和韦阿宝是不顾阻拦，走到了一起。而韦阿宝的叔叔知道后，就把杨月楼告到了县衙。

现在来分析故事的真相，应该是第二个更可信一些，因为毕竟是有人阻挠在前，且是韦阿宝的叔叔，所以杨月楼和韦阿宝不可能明目张胆大张旗鼓地去迎娶韦阿宝，所以抢婚的形式倒是符合实际的。

有情人难成眷属，新婚日却被下狱

　　韦阿宝来到杨家后，因为杨月楼的母亲也在，杨月楼便想郑重地举行一个拜堂的仪式，以告慰祖宗他成家立业了。郎才女貌、明媒正娶，眼看着上海滩的一桩好姻缘就要成就。但就在两人成亲拜堂之际，上海县衙的差役和租界巡捕来到了杨家，不由分说地将二人押去了县衙。

　　韦阿宝的叔叔用什么罪名告的杨月楼呢？他说杨月楼是拐盗了他的侄女，即拐骗妇女罪，这个罪名本不成立，因为杨月楼没有任何拐骗韦阿宝的嫌疑和证据。不幸的是，当时上海的县令也是广东香山籍人，叫叶廷眷，字顾之，此人曾参与镇压太平天国起义，作战骁勇，得清廷赏识。同治三年（1864 年）受李鸿章委派主持上海会捕局，制订《中外会捕章程》，加强法纪，使上海治安有所改善。同治六年（1867 年），叶廷眷被委为上海知县。

　　此人用法严苛，可称酷吏，但工作练达，熟悉洋务，也曾为民做过不少好事。据光绪《南汇县志》与《上海县志续志》记载，叶在任期间，多次输资以解民困，对外国侵略者的罪恶行径，亦能予以抵制，维护民族权益。光绪四年（1878 年），叶廷眷晋升道员，任淞海同知候补道三品衔花翎，授荣禄大夫赠内阁学士。

　　但人无完人，此人为官虽可，却也迂腐，又因做过军人，不事浮华，故向来对戏子持有偏见，认为这些唱戏之人无义则至贱，他听了韦阿宝叔叔的这个告讼后立即大怒，马上就派县府的衙役还有租界内的巡捕一同去到杨月楼的住处，去抓捕这两个所谓"违反礼法"的人。

上海县衙抓人，抓的又是中国人，为什么有巡捕跟着一起去呢？因为那个时候的中国是半殖民地社会，列强各国在上海以租借的名义占了很多地盘，这些地方称为租界，按照当时清廷和这些西方列强的条约，租界是在大清国某地划出一块地方，供这些西方人生活和工作，实际上租界的主权还是属于清廷，可这些列强为了满足自己对华利益侵夺的方便，渐渐地就劫夺了种种的行政权，这包括地方的治安管理，地方的行政规划，以至于后来的司法权。所以租界由外国人管制治理，基本不归中国人管。杨月楼所住的地方位于租界内，列强在租界内的管理机构叫工部局，工部局下边有维持社会治安的机构，称为巡捕房，这里的一些人员就叫巡捕，上海官方要在租界之内抓人，就要通过工部局，由巡捕一同来操作这件事情。巡捕还在房内搜获韦阿宝嫁妆七箱，内有衣服首饰及现银四千两。公廨经开庭会审，认为此案属民事案件，不涉及华洋纠纷，遂将杨氏夫妇转押到上海县衙处理。

当年的《申报》记载，在将杨月楼和韦阿宝押回县衙的过程当中，新娘子韦阿宝穿着拜堂用的红衣服都来不及换，杨月楼又是名人，围观的人群很多，迅速引起了整个上海滩的关注，因为一方是富商之女，由于叔叔的反对而结婚不成，另一方又是被告到官府的一个有名的戏子，这样的一个案子在当时非常轰动，以至《申报》等报纸长时间地关注报道这件事情。

上海租界市政厅

根据清朝律法，良

贱通婚的确是被禁止的，特别是对于贱男娶良女，处罚更重。清律规定贱民娶良人女为妻者，需离异，并将贱民处杖刑八十。特别是娼优乐人如果娶良人女为妻，罪加一等，犯之者杖刑一百。这在现在就是活生生的践踏人权，拆人家庭，但在那个时候却是堂而皇之的。虽然上海在当时是一个开放的通商口岸，而且在清朝道光朝以后，实际生活中良贱通婚的事例也屡有发生，地方官府对这些事情也是常常持睁一只眼闭一只眼的态度，但是杨月楼与韦阿宝却注定有情人难成眷属，由此还酿就了千古奇冤。

本是一场好姻缘，却成拐盗妇女案

因讨厌戏子，县令叶廷眷对杨月楼毫不客气，刚把他押到县衙，就将他吊了起来。当时的报纸上说，官府将杨月楼的两个拇指用两根很细的绳索勒住，反吊在了房梁上，跟着就开始问他认不认拐盗良家妇女罪。杨月楼是武生出身，长得非常魁梧英俊，又是年轻气盛，初时当然是不认账，说自己这是明媒正娶，何来拐盗。

不想这叶县令见杨月楼不认罪，不由得更为生气，马上就下令用刑。

古代的县令所管的事甚宽，大到国家大事，小到家长里短，都有权过问，况且朝廷规定只要有人击鼓鸣冤，县令就得过问。更甚的是，县令还有对犯罪嫌疑人用刑的权力，所以屈打成招的情况经常出现。

叶廷眷对杨月楼所用的形罚，就是打他的胫骨，而按照当时的司法习惯，按照韦阿宝叔叔所告的罪名，勉强能适用这种刑讯，这在现在当然是属于刑讯逼供，但那时却是名正言顺的。叶廷眷的这一做法也是后来遭人非议的一点，可当时这个叶县令却不管这一套，下令对杨月楼重重用刑，于是差役把他吊起来，重打脚胫一百五十板。

脚胫即腿骨，打上去非常疼，韦阿宝见丈夫受刑，哀叫连天，不由心如刀绞，想想打伤了脚胫，今后他再也不能演戏，不禁悲愤难抑，就指着叶廷眷大骂："你这昏官，糊涂透顶！我们明明是自愿成婚，明媒正娶，合情合法，你却不分青红皂白，硬说是通奸诱拐。这些衣服是我娘给我的陪嫁，你却说是卷逃财物！我和你这昏官拼了！"说着便挣扎上前要打叶廷眷。

叶廷眷一见不由勃然大怒，把惊堂木一拍，喝道："无耻贱婢，私通戏子，还敢咆哮公堂，真是目无王法！"韦阿宝依然高声反驳："嫁鸡随鸡，嫁狗随狗，我愿嫁于杨月楼，生是杨月楼的人，死是杨月楼的鬼，决无二心，你听信他人诬告，颠倒黑白，你不配做县令。"叶廷眷气得高喊："来人，给我结结实实打这贱妇二百嘴巴，看她还敢不顾羞耻、胡说八道！"差役应声上前，将韦阿宝拖到公案前跪下，左右开弓，足足打了二百嘴巴才住手。可怜刚穿上嫁衣的新娘子，顿时双颊红肿，晕倒在地。

那边杨月楼受着酷刑，又见妻子被打，身心俱痛，终于熬不过，就服软认罪，自己画了供，也就是屈打成招。这等于他承认自己是先和韦阿宝有奸情，然后才又违背良贱不婚的原则，公然娶亲，要按这样说来，就是一种目无国法的拐骗行为，按照当时的法律，叶廷眷就给他用了一个较重的刑罚叫做军流，即发配充军。

这一刑罚是相当重的，况且所判之案也不符合实际情况。因为叶廷眷给杨月楼所定的罪名实际上已经不是所谓的"违律嫁娶、良贱为婚"了，而是按照韦阿宝叔叔所控告的罪名——拐盗妇女罪论处的。

在《大清律例》里面，其实并没有"拐盗"这样具体的罪名。却是"拐"和"盗"分开来都有相应的罪名，"拐"有诱拐、掠诱这样一些罪名，按照今天的通俗说法就是拐卖人口罪，但这无论如何与本案韦阿宝

和杨月楼的这种婚姻前后事实是不相符合的，韦阿宝和杨月楼之婚姻嫁娶是你情我愿的，且是女方主动，双方母亲皆知。"盗"之罪在本案中则更是无从说起，根本没有"盗"之举动，完全是无中生有的罪名。但是叶廷眷就是想重惩戏子，所谓欲加之罪，何患无辞。即使"无辞"，他也可以凭空捏造，把人屈打成招。因为那时"民"有事犯到了"官"手里，就只能任人宰割了。于是叶廷眷认定杨月楼就是拐盗罪，将其屈打成招，判定流刑。

糊涂案出，两派对辩

真是糊涂官判糊涂案，让人平白受冤。所以此案一出，以《申报》为首的各大报纸纷纷报道，社会上展开了激烈的争论。争论各方迅速分成了同情派与重惩派两个对立的阵营，这两派针锋相对的，重惩派以地方绅士为代表，他们言激词厉，以"端风化"为由，要求严惩当事人，并进一步主张"正本清源，谢禁妇女看戏"。

同情派则是呼吸了海上新风气的市井墨客，他们持论宽松安闲得多，在同情韦、杨的调子里，更多流露的是对前者的不以为然。地方绅士以道德自任，冠冕堂皇，并且多少具备些干预事件发展的力量；市井墨客擅"民主自由"之名，虽无直接势力，但代表了社会风向，其影响同样不可低估。

同时，一些戏剧从业者和喜欢杨月楼的观众联名作保，试图解救杨月楼。而与此同时，一些封建思想较重的人乘机上下活动，使官府出面禁演了一些所谓的淫戏，并颁布告示禁止妇女进入戏园看戏，为此社会各界一片哗然。

　　同治十二年（1873年），在上海县绅董江承桂、郁熙绳呈请下，县令叶廷眷颁布《严禁妇女入馆看戏告示》，告示在《申报》上刊出不过一星期，即有化名"与众乐乐老人"者致信报馆，批评禁止妇女看戏："夫看戏一举，原属赏心乐事，本当男女同乐，良贱共观。今妇女仍无厉禁，惟良家独自向隅，故愚谓此论未昭平允。试思男子处世，有交游之乐，有纵马田猎之乐，甚至有秦楼楚馆之乐，博钱踢球之乐；而在妇女皆无之。至于看戏一事，可以消愁解闷，可以博古通今，可以劝善惩淫，似宜任其观阅无禁，不宜复分男女，复论贫贱也……故吾深不愿有此一禁也！他日者，余将携家属同赴戏馆，不徒愿吾一须眉男子独乐其乐，可并将使吾众巾帼妇人共乐其乐：不徒携我家妇女与少乐乐，欲邀同人妇女与众乐乐，断不因贵馆之论禁止，遂使之大煞风景也……"这封出自男子手笔的信，至少流露了下面三层意思：看戏乃娱乐消遣；娱乐消遣为人之必需；男女在娱乐消遣方面的权利是同等的，还有一层意思说女人看戏本为戏园一景，如今把她们通通赶走，则男子看戏也觉冷清无趣。

建于清末的上海外滩建筑

晚清四大奇案之谜

【第一部分】杨月楼与韦阿宝案

此案被公布后，不但在国内影响甚大，还引起了外国人的关注。在当时，上海是全国最开放的口岸，杨月楼一案又发生在租界内，虽然由于当事双方都是中国人，案件归清廷地方上海县审理，但是案件争论的激烈程度让外国人颇不能理解，英国伦敦的《泰晤士报》也对此案进行了报道，认为杨月楼与韦阿宝自愿结婚完全是个人的正当之事，无可非议，遭受如此严刑重罚不近人情，中国的良贱之别和婚姻观念毫无道理，还说韦阿宝叔叔这一派人就暗中给这个上海县令使钱，要求上海县令要严惩杨月楼如此等等。

韦父抛却亲情，官府重判此案

《申报》其实也是一个由英国人注册成立的报社，因此它也是近代敢于公然批评指责官府的一个媒体，在上海发行量最大，对此案的案情报道也最为详尽。从杨月楼一案发生以后，在一个月内就连续登载了百余篇文章。《申报》此举，反映了中国近代以来在受西方思想文化影响之下，对中国固有传统观念的一些看法上的转变，也影响了很大一批人，特别是年轻人，如韦阿宝能够私写情书给意中人，说明其思想还是开放的，这与她常年生活在上海这个十里洋场之中不无关系。

为了造成更大的影响，《申报》还专门发了一系列的这样的一个专栏性文章，叫做《中西答问》，找了一些洋人来对这个案件进行评论，就是通过外国人来评价这个案件的是非公允。当时正是外国资本主义思想迅速发展的时期，西方国家都崇尚民主自由，当然会很看不惯上海知县的做法，这就给叶廷眷造成了一种舆论压力。

种种议论使得这个案件受到了人们越来越大的非议，这个时候，韦阿宝的父亲回来了，他的女儿在大上海搅起这么大一档子事，他无论如何脱离不了干系。

从一开始，想必韦阿宝的父亲也是知道这件事情的，即使他不在上海，

《申报》馆遗址

她女儿要嫁人了，韦阿宝的母亲不可能不通知他，即便是写信，也会尽快让他知道，从他没有任何阻拦消息的情况上看，原本他应该也是同意这门婚事的。

韦阿宝父亲的态度，直接关系到这个案件的进展，如果他极力争取公平公正，相信一定能得到更大的同情与帮助。

韦阿宝的父亲来到了上海之后，看到在其兄弟的主导下，韦氏乡党这一派人已极力地反对女儿和杨月楼成婚之事，他在家族利益的压力和社会舆论的干涉下，在现实法律的规定面前，韦阿宝的父亲没有为女儿伸张正义，而是抛却亲情，选择了妥协和退缩。他不仅认可了上海县令叶廷眷的判决，而且还公然表示，他女儿做出这样有辱家门的事情，已经不是他的女儿了，他不再和韦阿宝有父女之间的名分，他的逃避，也就任由官府重判此案。

官府来回"踢皮球"，糊涂冤案自难翻

　　清代法律里面的刑罚分成五等，即笞、杖、徒、流、死，州县一级能够判处的，是最低的两种，也就是笞和杖刑，徒刑以上的案件州县是无权最终决定的，所以叶廷眷在对杨月楼施行了杖刑后，因为他最终判杨月楼的是流刑，而县一级官员无权判处这种刑罚，县令只能拟具一个初审的意见，需要上报到上一级部门审理定案。于是叶廷眷将此案上报到上海县的上级松江府。

　　松江府知府叫王少固，事先也被这个上海县的叶县令都疏通好了，所以这个案子尽管有杨月楼喊冤的呼声，但是这个松江府的知府就把这个案子转给了他属下的另一个县令来复审。

　　清代司法方面有这样一种制度，一个案件被下级交上来后，官员可将其交由另一个下级处理，处理结果可以作为复审的结果，如果该案他也无权来判处，那么按照制度他要再继续向它的上一级审转。于是松江知府王少固又把这个案子指派给了他手下的娄县县令，这个县令以前和王少固有点过节，所以王少固让这个县令审，实际上给他的是一个麻烦，因为这个时候舆论大哗，杨月楼一案已经成了烫手山芋，王少固就成心地把这个案子了塞给他不喜欢的县令，这个县令倒也会对付上级，看到杨月楼后，他就明确告知他不许再喊冤枉，杨月楼明明是冤枉的，如今换了人审理，怎么能不喊冤枉呢？不想刚喊出口，这个娄县县令就

让衙役打了他两百板子，接着就又核准了原来上海县令叶廷眷的判决，即对上海县令的判决无异议，仍然维持上海知县所定的"拐盗"之罪，判杨月楼流配四千里到黑龙江服刑。

这等于又将皮球踢到了松江府，而杨月楼却又被娄县县令白白打了二百板子。

这时有关此案的报章与社会论争已近乎白热化，但当时官府对舆论导向还相当麻痹，所以社会舆论并没有使杨月楼一案呈现出任何逆转的迹象，案件仍然在审转的过程中，不过社会影响造出来了，王少固也不敢妄加论断。按照司法程序，松江知府王少固就把这个由两县县令拟具的审理意见转给了它的上一级。

松江当时又归江苏巡抚管辖，王少固的直接上级是江苏巡抚丁日昌，此人也是个封建旧思想严重的官僚，此人一直以整饬风化为己任，曾两次奏请朝廷，严禁所谓"淫词小说"，所以此人对戏子也很不喜欢，所以杨月楼一案在他这里是注定翻不了身的。

按照流程，民事案件要先交司法部门，巡抚辖下管司法的部门叫做提刑按察使司，当时江苏的按察使司官员叫马宝祥，有报纸报道说这个人也被上海县令给买通了，所以马宝祥接到这个案子就维持了原来的判决，接着他就按照一定的司法程序转给了当时的江苏的巡抚丁日昌。

按照当时的司法规定，如果一个案件的人犯被判处了流刑，一定要把这个案件上报给中央的刑部，求得刑部的复核答复，刑部在接受了地方省一级巡抚的奏本之后，就要依法来对这个案件

丁日昌雕像

进行一次核查程序，核查的结果往往有三类：第一类是完全同意，上交的案件处理结果大部分都是这样的，然后通过一个文书形式发给原来的巡抚，让他执行原来确定的判决；第二类是刑部认为案件审理得不好，退回巡抚重审；第三类情况是刑部对案件判决进行改正，以刑部认为应该如何来定罪重新断刑。

但刑部也不是案件的最终决定者，因为刑部还要将案件上报皇帝，无论是上述哪种结果都要征得皇帝的同意，但皇帝通常是不会过问民事案件的，所以案件到他这里基本都是同意通过的。

杨月楼一案由县到府，由府到按察使司，再到了巡抚的手上，巡抚又报给中央的刑部，进而上报朝廷，都没有改变案件本身"驴唇不对马嘴"的判定结果。由此也可见清末时期官场的敷衍塞责态度和官官相护的情况。

叶廷眷打压《申报》，韦阿宝被迫嫁人

案子的上传下达、层层审批，需要诸多的程序，这当然就需要一定的时间，所以这些程序走下来，就耗到了第二年的四月份，这个时候舆论的争论已经渐渐平息下来了，这是因为上海官方经此事件认识到了报纸左右舆论的力量，也使用了报纸这个舆论工具。

从杨月楼一案发生后，《申报》发起的争论越闹越大，矛头均指向了上海知县叶廷眷，这当然是他不能容忍的，他想查封《申报》，但那是不现实的，因为公开地在租界内要查封一家由英国人办的报纸，还要通过英国的工部局，在崇尚舆论自由的西方是不允许的。于是他就在《申报》上买版面，让人发表一些赞同县令做法的文章，结果不久后让《申报》的一位编辑给旁敲侧击地揭露了出来，接着他又想了一招，就是出钱入股另一个叫《汇报》的报纸，自己掏钱来控制舆论。

于是《汇报》开始与《申报》进行针锋相对的交锋，闹得满城风雨，斗争进行到了报纸之外，一些同情派的人在租界内进行贴广告式的遍布结贴，这样上海县令就以扰乱社会秩序为名对《申报》施加种种压力，《申报》迫于无奈，在这一年的十二月月中发布了一则启事，说与杨月楼一案有关的争议性的文章以后不再刊载了，于是此事随着案件的上报，沉寂了数月之久。

到了第二年的四月初八，由刑部和江苏巡抚这边的一番复核，均对杨月楼之案没有异议，杨月楼的拐盗之罪也终于被坐实，就是依据最初韦阿宝叔叔指控的拐盗罪名而被判处军流——发往黑龙江充军。

韦阿宝最终被判行为不端，发落到普育堂，交由"官媒择配"。普育堂是由官府支持开办的解决民事问题的机构，对于无家可依或受官府支配的女子，可进行官方安排的婚姻。之后有说韦阿宝不知所终，但据《申报》报道：韦阿宝发交由普育堂择配后，有一孙姓老人，年已七旬有余，至普育堂申言说"无妻室，有资产，欲娶阿宝已久。"于是在官方主持下，普育堂就将其配给了这位七十多岁的老头儿，这就是传统社会里所谓的"官媒择配"。一个花样年华的少女就这样痛苦一生，她的"族党"和官方的虚荣心大概都得到了满足，也许在他们看来，嫁给老头儿也比嫁给戏子令其有面子，却没人关心韦阿宝的想法和痛苦。

协助杨月楼与韦阿宝完婚的韦阿宝的乳母王氏也遭受刑罚，被判在县衙前枷号示众十天，这位乳母于中并无任何罪责，却平白受罚，冤屈又往何处诉？

晚清四大奇案之谜

【第一部分】杨月楼与韦阿宝案

韦阿宝的母亲韦氏也因此案受到了巨大的打击，她虽未被官府追究责任，却受到了社会上杨月楼与韦家母女私通谣言的影响，她可能还因此受到丈夫的责问打骂，终因羞愤而一病不起，不久后含冤而死。至于传说中说她引诱包养杨月楼才引发此案，真实情况有没有这样的原因，也成了谜。

杨月楼因戏免罪，遇特赦遣送回籍

杨月楼即判流刑，就在监牢里等候刑部和兵部发配的批文。因为清代犯人流放到什么地点要由中央的刑部和兵部来会商决定，而且许多流刑人犯是被流放到边境去给那些边境的军队来为奴，所以要有刑部与兵部商拟的这个回文。日子在漫长的等候中一天天过去，这一等，又等到了这年的七月份，让杨月楼做梦也没想到的是，他竟等来了这一案件的转机。

杨月楼早先是在北京学戏和出名的，20 岁出头就在京城梨园界名声大震。而当时的清廷实际掌权者是慈禧太后，这个女人虽然权力欲极强，一生做过不少祸国殃民的事，却于戏曲上非常用心，据说京剧就是她执政的时期成熟的，并于中功不可没，因为她特别喜欢听戏，专门让清廷主管娱乐的升平署从全国各地为她选唱得好的戏班来宫中为她演唱，此举也带动了京剧的发展，在一些艺人的努力下京剧逐渐进入成熟期，杨月楼就曾被慈禧请进宫中献唱，由于他出色的技艺和唱功，让慈禧太后对她印象深刻。

传说同治十三年春末时，某日宫中又演戏，有些曾是杨月楼给她表演过的，慈禧太后看了半天，兴味索然，就对身边的李莲英说："这些戏目的表演者，都不如杨月楼演得好。"

李莲英称了声是，又说："只是杨月楼可能再也无法为老佛爷表演了。"

慈禧闻言很诧异，就问怎么回事，李莲英说他犯了事了，慈

杨月楼"一口钟"美猴王脸谱

禧又问什么事，李莲英也是风闻个大概，就把杨月楼一案的情况给慈禧讲了讲。

慈禧听后也觉得有点儿奇怪，认为对杨月楼判刑过重，就说："不就是个违律为婚嘛？何至于闹得如此严重？没必要判这么重的刑，他是个唱戏的，他该在什么地方唱戏就让他唱戏好了，别荒了他的戏文。"

历史上是不是有慈禧这样的一个说法，并无史料记载，所以这也成了一个谜，但这事很可能是存在的，毕竟杨月楼一案在当时影响很大，举国皆知，杨月楼又为慈禧太后唱过戏，为其所知，她说上几句公道话是很自然的。

但作为大清国的最高掌政者，慈禧的任何话语都对案件有决定性的影响，会影响到这个案件的进程，那么慈禧的态度究竟对该案后来的变更有多大作用呢，其实也不好查证，只是这时又发生了一件事，时间与杨月楼的定案非常的凑巧，让人不得不考虑是不是先前慈禧的话产生了作用。

同治十三年年中，19岁的同治皇帝因病驾崩，光绪皇帝即位，按照传统的制度，新皇帝登基要大赦天下，而杨月楼的罪名刚好可以按照原来的法律制度被归入这种特赦之类，所以杨月楼在等待中央刑部部文

发到江苏省，准备把他流放以前，获得了特赦这样一个意外的机缘，于是他被判定了杖责八十，遣送回籍。

1875年7月26日的《申报》也及时刊布了这则消息，说杨月楼判处军遣罪，适恭遇恩赦，现奉臬宪（各省负责司法之按察司）核明，虽罪有应得，但可得援免之例。乃汇案转详抚宪（各省总揽行政的长官即巡抚），核准奏，专候部复到日，即可释放而予自新路矣。

杨月楼被开释之时，韦阿宝或在普育堂，或已被官媒安排婚配，如果杨月楼再去找韦阿宝，那就是公然抗命，所以两人基本是在被捕之日便被硬生生分别，有情人未成眷属。

重操戏剧业，娶女沈月春

之后的杨月楼自然还是操旧业以维生计。因其原有的号召力，加上闹出的广为人知的婚姻风波，对观众更具吸引力。戏院老板也许正是看中了这一点，让其在丹桂戏园接连演戏三日，结果盛况空前，虽早早就已满座，但观众仍蜂拥而至。孰料这种热闹也刺激了官府，知县怒其招摇过甚，饬差役拿办。杨月楼事先闻风逃逸，来到了北京，继续他的唱戏生涯。

这一时期的北京因为戏班众多，竞争十分激烈，而上海的商业发展十分迅速，人们对于戏曲有着很大的观赏需求，所以不少北京的戏曲演员来到上海闯天下，杨月楼在北京呆了两年，为了生计又回到了上海，据说他去了丹桂园接着唱戏，这时他遇到另一个仰慕他的女子，此女

名叫沈月春，也是戏曲从
业者，主唱苏州评弹，曾
经帮了他许多的忙。有传
说认为沈月春比韦阿宝喜
欢杨月楼的时间还早，只
是她未向杨月楼表白，还
在杨月楼入狱之时，沈月
春就曾暗中相救，还说她
曾为杨月楼之案进京上访。
这些传说不大可信，沈月
春可能很早就喜欢杨月楼，
但应该是在杨月楼出狱后
两人才有了联系，在之后
的两年相处当中，沈月春

杨小楼戏装照

渐渐地跟杨月楼建立了感情，后来两人成婚。因皆属贱籍，未受阻挠。

　　杨月楼混在上海，名气太大，因案件和官府产生的过节，故一直
为官府所不容，在他和沈月春完婚之后不久，某日杨月楼听说官府又要
派人来抓捕他，就赶紧带沈月春跑回了北京，后来杨月楼又续娶胡氏为
妾，胡氏为他生了个儿子，即杨小楼。

　　1879年，杨月楼受著名戏曲家、京剧鼻祖程长庚的委托，替他掌
管三庆堂，他也就专心在三庆班里唱戏和管理。1890年，杨月楼因病
去世，年仅41岁，他临死前把自己的独子杨小楼托付给了另一个京剧
名家谭鑫培，让他照料和培育杨小楼，后杨小楼终成京剧一代宗师，戏
曲技艺尤在其父之上。

社会意义深远，终引伦理变革

　　杨月楼一生，成也唱戏，败也唱戏，唱红了京城，唱红了上海，唱得为情所累，也唱得身陷囹圄，真是戏如人生，人生如戏。

　　杨月楼一案从案发到结案，前后经历的时间一年有余，但是它所引起的种种社会争论，所折射出的传统观念的变革，实在是意义深远。

　　一个社会中，人们的生活方式以及行为规范、价值观念等社会伦理观念的变动，直接影响着人们的日常行为和思想感情，往往是社会内部发生变动的先兆。而社会变动的深度和广度，也常要取决于人们生活方式和社会伦理观念变动的状况。因此，考察一个时期人们生活方式和社会伦理观念的变动，可以说是了解这一时期社会变动的一个透视镜。

　　杨月楼冤案发生后，在这场官与民、公权与个人自由的对抗中，官方看似取得了全面的胜利，实则未必。民众公然通过媒体表达自己的意见，并把对官府的批评和不满宣泄出来，仅此一点，于以前的社会里都是不可想象的事情，而从杨月楼案前后，公众舆论中展现出的思维和观念之变化，也反映出社会变迁终究会冲破权力的禁锢，官方按照老一套模式来治理社会的方式渐渐走向灭亡了。

　　该案中严惩派和同情派围绕此案审判的争论，反映了双方对于代表社会公正的执法官如何对待小民的看法。严惩派是以道德礼教为准则，认为违背了道德礼教就应当重惩，却未考虑当事人的感受。同情派则认为应当以律例为准则，对犯人应当量罪施刑，依律执法，这才是公正的。这是站在被统治者立场。本来，在以往从这样官与民不同的立场而对于案件发生争论也是很常见的事，如有官员断案明显不公，也会受到民间舆论的攻击指责，出现为小民鸣冤叫屈的呼声。这次同情派强调以国家律例为准则而抗衡以私意和道德义愤为准则，一方面是以往就有的反映下层民众要求法律公正这一传统的延续；另一方面，他们引用西方人的看法，把这种观念分歧放到作为富强榜样的西方国家这一新的参照系中，也增添了新的社会意义。他们借助于作为富强榜样的西方国家的情形，寻求与社会正统势力和官方权威相抗衡，也反映了新观念欲借助于西方观念而寻求社会合法性的动向。这就使"依律执法"这种反映下层人民要求执法公正的愿望，与西方法律治国的近代社会契约观念连接了起来。

那么就案件本身而言，一国之民是否该有良贱阶层这种等级的区分，良贱能否通婚，个人能否自由择配，这些当然是个观念问题，但就当时而言也是个法律问题。而在管理社会的工具中，法律又往往是最为顽固的，这就是杨月楼案发生后，尽管人们的观念出现了人权、自由、民主的呼声，但最终还是被当时的法律来制约。这个时候，经历了两千年封建制度的中国已渐渐打开国门，社会发展已出现一种变革越来越快的趋势，社会伦理已不能适应文明的进展，因此社会制度和旧的法律条文已亟待调整。

但官方的调整却又是缓慢和不情愿的，杨月楼案发生后，官府的反思是，韦阿宝一良家女子之所以会爱上杨月楼，无非因为她进戏园看到了杨月楼唱戏，杨相貌堂堂，加之其所演多为挑逗情欲之戏目，这才会使阿宝生出嫁杨之念。既然找到了官方眼中的惹祸之由，自然会想出以下的两个动作：因为杨演淫秽之戏，致妇女倾慕，便倡导禁演所谓暴力色情的戏目；又由于阿宝进戏园看戏，引起嫁杨之念，又倡议禁妇女进戏园。两个动作都由地方官出布告实行，其实质仍是对应有的变革进行

种种阻挠。

此案以严惩派和官方的胜利而告终，表明他们所代表的传统正统观念仍然在社会中居于优势。但在《申报》上各类人士围绕此案的这一番大争论，也反映了在上海这个社会生活已经发生了较大变化的地方，人们的社会伦理观念已经出现了变动。时人有言："事关风化治尤难，半说从严半说宽"，正反映了这种观念不同并相互冲突的状况。而从同情派的议论中可以看到，与正统社会伦理观念不同的，以往被压制的，甚至是从前所没有的新观念也发出声音，而且并不微弱，能够在社会舆论中公然与正统观念分庭抗礼。

在这些新的观念变动中，也出现了一些新的社会发展趋向，从同情派围绕良贱身份之别、家庭和乡党关系及关于断案的议论中，我们可以看到同情派反对良贱严加等级区别，主张对于"贱民"也应以常人情理看待的社会平等要求；反对乡党势力干涉家庭事务，主张更加尊重家庭的独立性和自主权的观念；反对以道德判断代法、滥施刑罚，主张依律执法的法律公正意识。这些包含人文关怀的观念，已开始挑战不合时宜的旧观念旧制度。虽然在该案中这种挑战没有成功，但是却反映了在上海这个开口通商已三十年、商业化有了相当发展的地区，随着社会结构的变动，人们的观念也相应地出现了向往变革的新趋向。

现在来看，这些观念产生的社会基础是上海商业化、城市化过程中人们生活方式的变动。人们在实际生活中贵贱颠倒、尊卑失序的社会风气，正是产生超越等级身份观念的社会平等意识的温床。可以说，人们生活方式的变动，是引起社会伦理观念变动及孕育新社会伦理的温床。这也说明，任何改革都不只是制度的改革，都是有其土壤和环境的，改变革新也是全方位的，所以此案即便对处于改革开放中的中国现当代社会，也有积极的促进正向变革的作用。

太原奇案

第二部分

太原奇案，起于悔婚

1840年时，世界正处于工业革命大发展的时期，也是西方列强急速扩张的时期，同时也是殖民地国家饱受欺凌的时期。在中国，这一年是大清道光二十年，此时国家社会动荡，外患大起，第一次鸦片战争就在这一年打响，几万里外的小小岛国英国，开来几艘军舰，便打服了面积庞大、人口众多、自诩为老大帝国的大清帝国，我国近代半殖民地半封建社会的开端，正是从这一年开始。

清王朝走到这时，已历时近二百年，各种积弊开始发酵，官场腐败，民怨沸腾，各地冤案并起。在山西太原的阳曲县，就发生了名列清末四大奇案之一的"太原奇案"，这本是一个十分常见的嫌贫爱富的悔婚故事，其案情之奇，判定之怪，真个是让人拍案称奇。

下面就本案的案情进行细致的还原。情节大致如下：

这一年的某日，太原府阳曲县在同一天内发生了两件奇怪的案件：一个案子是富商张百万家的二女儿诈尸出走；另一个案子是一个和尚被杀并被抛尸井中，身上却穿着豆腐房老板莫老汉的衣服。这两个案子都是怎么发生的呢？两者之间有没有关联呢？

先说张百万家的二女儿诈尸之事。这张百万家财巨万，算是一方财主，为人也很贪财，所以有人给其起了个"张百万"的外号。张百万家有二女，大女名金姑，二女名玉姑。大女儿金姑嫁了邻村一户人家，不

清代太原府官员合照

想没过一年丈夫就死去了，就此寡居在婆家。二女儿玉姑本与本村曹家的儿子曹文璜自小定下了婚约，曹家家境也不错，曹文璜自幼读书，其父在外做官，但后来曹文璜的父亲死了，家道就此中落，曹文璜为振家业，只好出外经商，但一年未回，生死不明，张百万嫌贫爱富，就想与曹家断了婚约，于是将二女儿许给了另一富户姚家，但张玉珠钟爱曹文璜，反对父亲另行指婚。

这日，张百万把玉姑叫到跟前，又对她提悔婚之事，玉姑说："女儿既已经许嫁给曹家，怎么能再嫁给别人呢？我一定要等文璜回来。"

张百万："傻丫头，你别犯傻了，谁知道他现在是个什么样子呢，你并没有嫁过去，就这么等，不是犯傻吗？"

玉姑脾气也倔，说道："我不管，反正我就认定嫁给他了，我就等他。"

张百万生气地把桌子一拍继续说："我是一家之主，这事由得我由不得你！"

玉姑见老爹生气了，就默不作声，任凭他好说歹说，就是不吐一个字。

张百万逼女改嫁，张玉姑携郎私奔

女儿不配合，张百万没办法，心想事不宜迟，先把婚事给她定下来，到时强行把她嫁到姚家，任谁也不能怎么着了。于是张百万找来姚家的人商谈，连娶亲的日子都定下来了。

玉姑犯起愁来，眼看出嫁的日子一天天到了。她知道爹爹是死了心要把她嫁到姚家，可她也没有办法。就在出嫁的前一天，这日，她坐在屋里，看着家里的人为她准备着出嫁的物品，心下正在烦躁，丫环秀香急急忙忙跑过来，悄悄地对她说曹文璜回来了。玉姑以为秀香跟她开玩笑，打了她一巴掌说："你这个死丫头，我都愁得不行了，你还要来寻我开心？"

秀香忙说："真的，不骗你，我亲眼看见他去拜见老爷的。"

玉姑看他那一本正经的样子，知道这事是真的，就迫不及待地问他来干什么。秀香说他是来商量完婚的，但老爷拒绝了他，让人将他赶走了。玉姑大急，知道他爹肯定要悔婚，不禁手足无措，又要去和爹理论。秀香拉住了她，说："你去和老爷理论也是白搭，依我说，你不如和曹相公去私奔，你们在外面呆一段时间，过一段再回来，老爷就也没什么办法了。"

玉姑一想，也只能这么办了。到了晚上，玉姑悄悄地来到曹文璜的住处，轻轻地敲了敲门，曹文璜在里边问了声谁，就过来开了门，一见是玉姑，吓了一大跳，问说："玉姑，你怎么来了？"

玉姑也不回答，只说："文璜，你喜欢我吗？"

曹文璜说："玉姑，这还用说吗？咱俩从小定了亲，文璜喜欢小姐，也不是一天两天的了，可是，我今天找你爹，你爹问我拿什么娶你，要是让你跟了我，不是让你跟我受罪吗？你爹的意思，是想让我退婚啊！"

玉姑说："那你想退吗？"

曹文璜说："我当然不想退，我是听说你爹要把你嫁了才赶回来的，可是今天我又觉得你爹又说得在理，我现在好生烦恼啊。"

玉姑说："他说得在狗屁理，他就是嫌贫爱富，觉得现在你家穷，不想让我嫁你了，你知道么，他要把我嫁给姚家那个浑小子，明天就得嫁了。"

曹文璜说："我听说了，可是玉姑，我家现在无钱无势，我就是不想退婚，也没有办法娶你啊！"

玉姑说："你一个大男人，怎么这么懦弱？难道你就能眼睁睁看着我被人家娶走？"

曹文璜说："我当然不想。"

玉姑说："如果你真想娶我，那咱们私奔吧，怎么样？"

曹文璜说："私奔？这，玉姑，这是真的吗？你真的想和我在一起吗？"

玉姑说："我当然是真的，就看你对我是不是真心了。"

曹文璜说："那还有什么可说的，说心里话，我回来后这有这样的想法，就怕你不这样想，如果你也有此意，我愿带你天涯海角，携手此生。"

两人手握到了一起，玉姑说："那好，那我们今晚就私奔。"

于是曹文璜简单打点了下行李，拿些银两，二人出门私奔而去。

两人出村行了二三里路，玉姑说："咱们就这样出走，去哪里落脚呢？总得有个奔头啊！"

文璜说："我家如今家境不济，以前的很多亲戚朋友都不来往了，去哪里呢，一时还想不起来。"

玉姑说："前面正是我姐婆家的村庄，要不我们先去我姐家躲一躲吧！"

曹文璜觉得也可以，二人便往张金姑家而去。

清朝光绪年间太原府的银锭

张玉姑投亲不成，张金姑私会和尚

到了张金姑家门口，玉姑就叭叭敲起了门，可是敲了好一阵子，玉姑以为姐姐没在家，两人正要离去时，才听到院子里有脚步声走了过来。

金姑怎么这么慢才开门呢？让人意想不到的是，玉姑敲门的这个时候，金姑正在家里和她的情人幽会。

前面说了，这张金姑的丈夫早死，一人独守空房，难耐寂寞，有日和一帮妇女去庙里上香，见到一个和尚，那和尚法名定慧，却是个色胆包天的家伙，竟和一帮妇女打情骂俏起来。这张金姑一人独居，正想男人，听这和尚话语说得露骨，触动了花心，俏脸发热，红了起来，又见这和尚长得还行，就忍不住多看了和尚几眼，那和尚深谙女人心思，便知这女人有戏，就悄悄跟踪，又多方打听，知道了张金姑的情况，又经过几番勾引，撩得张金姑情欲难耐，某日终于让和尚得了手，自此二人你情我愿，每次相见便如干柴烈火，一发不可收拾。

这一日傍晚，定慧和尚做完庙里的事，吃了晚饭，想想两天没碰女人了，便下山往张金姑家走来。到了门口，轻敲三下门，又连敲两下，这是他和张金姑定好的私会暗号，张金姑家中床上正自寂寞，一听此声心下顿喜，急忙奔来打开了门，定慧和尚见了金姑，一把抱住，金姑让和尚别急，看看外面四下没人，就轻轻锁上了门，那和尚抱过金姑来到屋里床上便是一番翻云覆雨，正兴起时，忽听敲门声又响起，两人顿时慌做一团。

和尚欲逃，又怕外面人多被捉，欲藏又苦于屋中无处可藏，情急之中，金姑看到床头的柜子挺大，便急忙打开，那和尚也来不及穿衣服就钻进了里面，金姑赶紧上了锁，这才穿衣来到屋外。

玉姑和文璜在大门外面敲了半天不见来人，正欲离去，才听里面"吱呀"一声开了门，接着传出话来："谁呀？黑灯瞎火的乱敲门！"玉姑听出是金姑的声音，忙说："姐，是我，我是玉姑！"

金姑说："这么晚了，明天又出嫁，你又来干什么？人家都睡觉了，有事吗？"说着开了院门。

玉姑拉了拉身边的文璜说："姐，这是文璜，咱爹让我嫁姚家，我不嫁，我要和文璜在一起。"

金姑一惊，说："你这个死丫头，真是管不了你了，你这样做，咱爹能同意吗？"

玉姑说："不同意才这样做。姐，我们在你家藏几天，行吗？"

金姑说："你这丫头，也不动动脑子，要是平时，你呆多少天都没事，现在你是要私奔，咱爹肯定直接来这里找你，你要藏我这里，还不被他逮个正着？"

玉姑一听傻了眼，金姑急着打发妹妹，又说："你们出来时，咱爹不知道吧？要我说，你们要不私奔就赶紧回家，要私奔就赶紧到个咱爹找不到的地方，别在这耗着了，一会儿咱爹要找来了，看回去不打死你个二丫头。"

玉姑和文璜对望了一眼，文璜说："那我们走吧！"玉姑说："那我们走了啊，姐，要是爹过来了，你就说没见到我们。"

金姑说："好吧，哎，那你们要去哪里啊？"

玉姑说："还不知道，等我们安顿下来，再通知你吧！"

张百万寻女不遇，张金姑柜锁情郎

金姑见妹妹走远，有些不舍，又想起屋里柜中还藏着个人，也顾不得许多，赶紧关门上锁回到屋里，打开柜子，和尚热得满头大汗，说："闷死我了，唉哟，谁啊这是？"

金姑说是她妹妹，和尚问怎么没来屋里来坐会儿呢？金姑说："你想见见啊，你个死鬼是不是吃着碗里想着锅里，你想死啊？"和尚嘿嘿笑了，一把抱过金姑又亲起来，边亲边说："能吃到的才最香，快再让我吃一回吧！"

一番抚摸亲吻下来，两人又起了兴致，和尚便给金姑脱衣，又要云雨之时，忽听院门又"叭叭叭"响了起来，二人又惊又恼，金姑以为玉姑又回来了，骂了句："这个死丫头，回来又有什么事啊？"正说间，却听外面一男人喊了句："金姑，开门啊。"

金姑一听，是她爹张百万的声音，吓了一跳，对和尚说："是我爹来了，你快藏柜子里，可不许动了啊，要是被他看到了，非打死你不可。"

　　和尚闻言，赶紧又钻进了柜里，金姑上了锁，下床整衣出来打开了门，却见爹爹张百万带了几名家里长工站在门外，爹爹劈头就问："你妹妹在这里吧？快让她出来跟我回去！"

　　原来就在玉姑离家去找曹文璜后不久，玉姑的母亲拿了一套嫁衣去找玉姑，想让她试试合不合身，结果来到玉姑屋里不见了人，左找右找也找不到，问谁谁说没见，心下顿觉不妙，赶紧找到张百万说玉姑不见了，张百万一听大吃一惊，又找了一遍还是没见，一合计便想到是二丫头要逃婚，再想想她会逃哪里去呢？除了大女儿金姑家，她没地方去，于是就带了几个长工往金姑家而来。

　　金姑看着老爹着急的样子觉得有些好笑，就假装不知地说："没有啊，我没见她啊，她怎么了？跑了？"

　　张百万说："大妮子，你别给我打马虎眼，二丫头片子要往外跑，不来你这里会去哪里？快让她出来吧！"

　　金姑说："真没有啊爹，真不在我家。"

　　张百万见金姑站在门口，却不把他们往屋里请，更加怀疑了，向前一把推开金姑，说："让开，我进去看看！"说着又一挥手，带着大伙走了进来。

　　张百万在金姑屋里四下一望，确实空无一人，金姑紧跟着走了进来，假作镇定说："我说没有吧，是吧？爹，她不在！"

　　金姑唯恐柜里的和尚被老爹他们发现，不由自主地走到了柜子前边，护住了柜子。张百万怎么看大女儿的神情都不对劲，心下便认定玉姑肯定藏在这里，就说："你们两个丫头片子，从小就会一块儿糊弄我，现在还要糊弄你老爹，二妮子，你快出来，我不信你就跳出我的手心。"

　　当然没有人答应他的话，金姑跟着嘟囔了句："她真不在，你咋不信呢？"

　　张百万对长工们一挥手，让他们四处找找，长工们屋里院外找了个遍，没有任何发现。

张百万有些着急，就问金姑说："你到底把她藏哪儿了？别让你爹着急了好不好！"

金姑说："她真没在这儿，你咋就不信我呢？"

这时张百万注意到金姑在床头的一个大柜子边上站了一刻钟都没动地方，不由得对那个柜子怀疑起来，就走向前去，一把拉开金姑，说："肯定就藏在这个柜子里，给我打开。"

金姑立即大急，赶紧又上前护住那个柜子，忙说："她没在这里面，这柜子打不开。"

张百万见金姑如此的神情举止，更相信玉姑就藏在这个柜子里了，便笑说："大妮子，你这个气人精，你这不是此地无银三百两吗？别跟我矫情了，快点给我打开。"

金姑如何肯打开这个大柜子？一开她偷人的事就露了馅，急得带着哭腔道："爹啊，求你了玉姑真没在这里，你们快走吧！"

看着金姑的样子，张百万越发相信柜子里锁着她二姑娘，非要打开，金姑更急了，只说没钥匙，张百万便要砸开，金姑护在柜前抓住大锁以死相逼不能砸。张百万说不能砸就抬走，金姑说不能抬，张百万说："这是我当初给你的嫁妆，是我花钱买的，我现在要收回，就抬走它。"

张百万说着就让两个长工上前去抬，自己则上前拉开了金姑，不想两个长工竟抬不动，张百万又骂道："还说人不在里面，这放棉衣的大柜子，里面不藏人怎么会这么沉？"

张百万敲了敲柜子，说："二丫头，你出来不出来。"

里面无人应声，张百万又说："不出来是吧，我把你抬家去，你还是跑不了。"

张百万一挥手，又上来两个长工，四人一人一角，抬起柜子出了门，剩下金姑坐在了地上号哭起来。

几人抬着柜子出了张金姑的村，嫌柜子太沉，便想把锁砸开，摸黑找到一块砖头，砸了两下，把砖头硌碎了也没把锁砸开，只好抬起又走，好在路途不远，未及两刻钟，便回到了家里。

色和尚闷死柜中，张百万李代桃僵

　　张百万让长工们把柜子抬回屋里，灯下仔细一看，是一把大铁疙瘩锁，打是打不开的，又担心将玉姑闷死在里面，便赶紧让人拿来一把大斧头，砰砰几下，将锁砸掉在地，打开柜子往里一看，一帮人顿时目瞪口呆，只见一床棉被下躺着一个人，在那里一动不动，张百万就像傻了一样，哭叫道："玉姑，玉姑，快醒醒！"

　　张百万说着赶紧去拉，一拉不要紧，发现这人没有头发，再一看脸，这哪是什么玉姑，分明是个年轻的光头和尚，还光着身子，众人立时傻了眼。张百万怔了一下，回过神来，救人要紧，赶紧探和尚的鼻息，却是一丝全无，原来和尚被闷在柜子里时间太长，死在里面了。

　　张百万只惊得一屁股坐到了地上，这才明白金姑不让他动柜子的原因，原来是她在偷人，还是个和尚，可事到如今，怎么办才好呢？张百万急出一脑门子汗，一时也没了主意。

清代木雕床头柜

到了这时，大家也都知道是怎么回事了，张百万的大管家走过来说："东家啊，这和尚死了，二小姐又不知下落，天一亮姚家又会来娶人，我看这样吧，咱们干脆给他来个李代桃僵，把二小姐的嫁衣和首饰给这个和尚穿戴起来，就说二小姐上吊自杀了，这样姚家觉得是他们要娶亲才逼死了人，自然不会来怪罪，等办完丧事，再把这死和尚神不知鬼不觉地抬出去埋了，这样也能顾个两全啊。"

张百万一听，连说好计，就这么办！还下达命令谁也不许把这事说出去，又给每人发了五两银子，堵住他们的嘴，接着吩咐下人拿来二小姐的嫁妆给和尚穿上，又找了些驴鬃马尾，弄成两个发髻套在和尚的头上，再戴上金银首饰，看上去还真像个女人。一切都打理好了，就把和尚抬在搭好的门板上停尸，又连夜请来吹鼓手吹吹打打，一家人围着痛哭，还把金姑也叫了来，也向姚家表示郑重。

金姑来到灵堂，张百万对她使了个眼色，金姑自然心知肚明，只是不知道她这情人和尚是被闷死的还是被他爹等人打死的，想想昨夜还在一起缠绵，现下那人已做了鬼，不由得痛上心来，呜哇大哭，正不知哭什么好时，却听母亲装腔作势地哭的是二姑娘，再一看穿着嫁衣，略一思索，便知她老爹用了调包计，于是放开嗓子大哭起来，别人都是假哭，就她是真哭。

张百万一看这一切都搞得像回事了，才派了个能说会道的长工到姚家报丧，说是二小姐拒嫁，被逼不过，上吊自杀了，还说时辰很不吉利，天不亮就得入殓，请他们去看看。

清代丧礼风俗图

姚家人一听竟发生了这样的事，一时不知如何是好，只觉是自己将人家女儿逼死了，心下当然万分歉疚，派两人跟着来到张家，也没敢过去细看，只在旁边装装样子哭了几声，给张百万说了好些好话，张百万也不答应，只一个劲地哭，姚家人知这事一时解决不了，逃似地赶紧回去了。

色和尚"诈尸"，张金姑助逃

经过这么一闹腾，两个时辰过去了，三更刚过，忽然那"死尸"伸拳蹬腿地动起来了，接着猛地坐了起来。这一下在场的人都吓坏了，屋里的人大喊："诈尸啦，诈尸啦！"吵吵嚷嚷乱作一团，赶紧往屋外跑，院里的人往门外跑，一会儿工夫屋里跑得一个不剩。

原来那和尚并没有闷死，只是在里面闷得时间长了，严重缺氧，把他闷得昏死过去了，现在的话讲就是休克了，如果那柜子再晚打开会儿，那就肯定闷死了，好在张百万也着急救闺女，把和尚拉出来后，经过搬抬穿衣的一番折腾，这和尚又有了些气息，只是还处于休克中，没有人看得出来，因为有了清新空气，时间长了，这和尚的身体机能渐渐恢复，缓了过来，他也就像睡着做了个梦又醒了一样，动了动胳膊腿，有了些意识，听到有人哭，又想起了昨晚的事，以为自己真死了，吓了个激灵，猛地坐了起来，一屋子人见他如此，顿时号叫乱作一团，纷纷跑到了屋外。

这和尚看看四周，见挂着条幡，烧着纸钱，明白了个大概，知道这帮人把他当死人祭奠呢，这又是怎么回事呢？正纳闷时，忽见金姑跑了进来，看他坐着，对他急道："你傻坐着干吗？还不快跑？再不跑一会儿他们明白过来就活埋你了。"

原来这金姑见和尚诈尸，本也吓了一大跳，跟着大伙儿跑到了门外，可是转念一想，这哪儿是什么诈尸啊，肯定是和尚闷久了，昏过去了，现在是醒过来了，想到这里不禁大喜，心想现在不去救他，更待何时？便赶紧转身往回跑，到屋里就告诉和尚赶快逃命。

和尚见金姑这么说，才意识到逃命要紧，于是赶紧下了门板，又觉得脑袋发蒙，转了一圈也不知要往哪里逃，金姑见状，赶紧拉住他的手，说："跟我来吧。"牵着他出屋往后院走去，来到院墙边上，说你赶紧跳出墙外，然后一直向西走，出了村就没事了，找个地方换换衣服，快回寺院去吧。

那和尚赶紧扒墙头，太高又上不去，金姑又帮着推了一把，终于翻了过去，看了看方向，向西撒开脚丫子奔跑起来。

金姑听听跑得远了，心中窃喜，转身悄悄回到她娘的屋里，也不管外面如何闹腾，只躺床上睡觉去了。

再说张百万，他在屋里眼见诈尸，也吓了一大跳，没命似的跑到了外面，一会儿忽然琢磨过来，敢情是那和尚没有闷死，回过神来了，可是如果这和尚不死，那么这事情必将败露，怎么办呢？想了一会儿，下了狠心，那和尚不死也得死，不死就去打死，于是找了那几个长工，拿好棍子和绳子，说是去绑僵尸，实是要去杀和尚，几个人壮着胆子悄悄来到屋里，却见床上空空如也，哪儿还有和尚的影子？

张百万等人在屋里找了一圈，没发现人，又到屋外院里找了一圈，也没发现人，来到后院看到墙上有新蹬的脚印，才知和尚是真跑了，张百万想想，这和尚逃了也好，自己也不用担心闷死和尚的罪名被揭发了，对外就说是诈尸了，不知去向了，这样姚家那边也说不出话来，一切倒都省事了，想到这里不由得心里又乐了。于是对几个长工嘱咐一番，让他们对外说二姑娘诈尸了，跑得不知去向，找不到了。

那时候的人特别迷信，人人都相信有鬼神这回事，所以对诈尸这样的事深信不疑，姚家人自然也没话说，张百万嫁女的事，还真被他糊弄过去了，为向姚家证明这是真的，他还派人去官府报了案。

晚清四大奇案之谜

【第二部分】太原奇案

色和尚盗窃，莫老实赠衣

如果事情只进行到这里，还和奇案扯不上关系，只能算是个荒唐的悬案，那么为什么成了奇案了呢？事情还是出在这逃跑的和尚身上。

这和尚逃出张百万的村庄，唯恐被人追上，又跑了十几里路，只跑得口干舌燥、两腿发软，又觉得腹中饥饿，再看看身上穿的一身嫁衣，想想不能再这样跑下去了，必须找户人家去偷身衣服，再偷点吃的填饱肚子，好回寺院。

又走了二里地，看看路边有户人家，决定去这家下手，翻进院里，偷偷进了屋，正在摸索，忽听有人起床的声音，接着看到有火折子一打，有人点上了灯，屋里就亮了，这和尚正在屋里摸着黑，也不知道藏哪里，这下被主人家看了个正着。

这家主人叫莫老实，人称莫老汉，会些做豆腐的手艺，老实巴交，大半辈子都卖豆腐。做豆腐是个苦差事，古语有言：人生有三苦，撑船打铁卖豆腐。这卖豆腐就是人生三苦之一，苦就苦在不但要出大力，还要起早贪黑，因为要磨豆腐，煮豆腐，压豆腐，做好了再去卖豆腐，是个挺熬时间的事，所以这莫老汉便早早的起来，要去做豆腐。不想刚点上灯，蓦然发现屋里床前不远处站着个衣着华丽的大姑娘，以为碰到了鬼，吓得"啊"的一声，差点昏死过去。

和尚怕事情败露，正想走过去制服莫老汉，不想莫老汉的一声叫，惊醒了老伴和女儿，附近的狗也跟着狂叫起来，和尚见情况不妙，怕闹出大事来，赶紧上前跪到了地上，对莫老汉哀告起来，说被强人绑架，逃了出来，路过这里，饿得走不动了，想弄口吃的。

莫老汉见原来如此，定了定神，便要起身为和尚拿些吃的，突听女儿说："爹，你别去，这家伙不是好人，你看他男扮女装！"莫老汉闻言大吃一惊，急忙抄起床头一根木棒子，细看和尚面目，果然是个男人，就举起来要打和尚。和尚又赶紧哀求道："老伯啊，您别打我。我是个出家之人，我被人陷害，好不容易才跑出来的，之所以穿了这身衣裳，一时也给您说不清楚，您有破旧衣服，就给我一身，让我换了吧，我一个和尚，穿这样衣服出去，还不让人笑话死啊，我来您家，也是想换身破衣服。"

莫老汉是个善良朴实的人，听他这么一说，倒有点心软了，放下木棒，给他找了一些豆干和干粮，倒了碗热水，让和尚吃了，又拿出一身自己穿过的衣服递给了和尚，和尚到外面换上，回头又对莫老汉说："老伯，谢谢您啊，这身女人衣服首饰，挺不错的，给你家女施主留下吧。"莫老汉说那是人家的东西，他们不要。和尚知道这衣服说什么也不能拿去庙里，就顺手放到了桌上，说："留下吧，我咋能穿这样的衣服呢，就当我谢你的吧。"说罢作揖走出门去。

和尚出了莫老汉家，心情逐渐平静下来，赶紧往寺院奔，又想起现在穿着别人的衣服，僧衣没了，又一夜未归，如何向住持交代，心里便琢磨起编瞎话来。就这样想着，看看来到了一个镇子的前头，这里离他所在的寺院也就不远了，过了这个镇子就到了。

阳曲县古建筑

所以他对这里极熟，很多人他都认识，寺里烟火旺盛的时候，这里也很热闹，要是碰上大集和庙会，镇上更是人山人海，这时天还没亮，这和尚也不敢走大街，怕人家见他穿一身百姓衣服，又大半夜的不在寺里说他不守清规，他就顺着镇子边的小胡同往前走。

叶阿菊早起打水，色和尚欲行奸淫

如果这和尚就这样走回寺去，也不会有这太原奇案了，但大事情往往是一些偶然的小事引起的，就像蝴蝶效应一样，一些凑巧的小事，在某些因素的组合下，往往能发展成大事情。

这时刚刚有点蒙蒙亮，和尚走着走着，见前面推车过来一人，和尚赶紧低头走过，斜眼一看，依稀看清是镇上以杀猪卖肉为营生的吴屠户。和尚只装不认识，那吴屠户也看了看他，和尚也不知他有没有认出来。

和尚继续前行，经过吴屠户家门口时，大门开着，和尚见吴屠户的媳妇在院里，正在往厕所走，这个女人他是认得的，而且非常熟悉，此女名叫叶阿菊，三十余岁，在镇上就经常见面，加上吴屠户家有块田地就在寺院旁边，叶阿菊下田做活时，这定慧和尚就常过来骚扰，这女人本也花心，不喜吴屠户的粗鲁和不解风情，看这和尚年轻，长得又俊，嘴又会说，便也乐在心里，二人一来二去，叶阿菊就动了花心，与和尚打情骂俏，和尚更大胆，没人时就对这女人搂搂抱抱，叶阿菊也半推半就，小和尚又极会调情，一会儿弄得她欲火难耐，于是有几次二人还偷偷伏在田里苟合了几番。

　　这和尚站在吴屠户家门口，想想吴屠户刚去摆摊卖肉，他女人一人在家，只觉机不可失，不由得催动了色心，便悄悄走到厕所旁边，听叶阿菊尿尿的声音，直听得色心荡漾，便想造次，但还是忍住了，等那女人快尿完时，他偷偷藏到了墙角，那女人出了厕所，去厨房掂了木桶，要去外面井上打水，和尚悄悄跟到外面，那井就在吴屠户家后面，离寺院也不远，有时和尚也来这井上打水，和尚跟过去，见那女人将水桶下了井，走上前去招呼道："小嫂嫂，起这么早啊！"

　　叶阿菊闻言吓了一跳，见是定慧和尚，骂道："你这个死定慧，死和尚，吓我一大跳，这天还没亮，你怎么跑这里了？"

　　和尚凑上前去，嘿嘿一笑，低声说："这不是想你了么，睡不着了，就下山来看看你。"

　　叶阿菊说："去去去，鬼才信你的鬼话，你一定是找谁家女人去了，刚从人家家里出来吧，看衣服都穿错了，你的袈裟呢？"

　　和尚说："看你说的，除了你我还能找谁，我这是给人家做夜场法事去了，袈裟被水打湿了，就找人家随便换了套，回来路上，特别想你，就拐个弯，来看看你，你说我这才几天不见你，咋就那么想你呢？"

　　叶阿菊听在耳中，颇为受用，嘴上却说："谁知道你干啥去了，你那鬼话就不能信，快起来，我打水了。"

　　和尚赶紧接过木桶，对叶阿菊说："嘿，我来，这打水挑水的活，哪能让你干？别累着你那嫩胳膊嫩腿了，要是崴了你那对小金莲也不好啊！"

　　和尚说着，将木桶下放进了井里，叶阿菊道："你这嘴巴啊，比蜜还甜，怎么长的啊？"

　　和尚说："这嘴就是给你长的，它还想亲你呢！"说着便将嘴巴朝叶阿菊凑去，叶阿菊打了他一下，骂了一句，让和尚赶紧打水。

　　和尚绳子放进了井口抖了几下，灌了一桶水，边提边说："这井好深，比你那口井还深，打个水不容易啊？一会儿让我去你那口井里打回

清代古井

水吧！"

叶阿菊骂道："你个死和尚，别瞎贫，让人看到多不好，把桶给我，你快走吧！"

和尚说："这黑天瞎火的，天又冷，谁起这么早啊，不说了嘛，别崴了你那小金莲，我给你掂回家去。"

和尚说着，掂起一桶水就往叶阿菊家里走，叶阿菊拦不住，就跟在后面，一路东张西望，唯恐被人发现。

和尚掂着水进了吴屠户家厨房，倒进了缸里，叶阿菊也跟着走了进来，和尚放下桶，一把抱住她就亲，叶阿菊挣了几挣，没挣脱，却被挑起了欲火，便任由他亲起来，和尚亲了一会儿，抱起她进屋放到了床上，叶阿菊只担心被人发现，催促和尚快走，和尚只说一会就完，便去脱她的衣服，脱了上衣趴到胸脯上就亲起来，正贪嘴时，忽听叶阿菊大喊了一声，然后一把推开了他，和尚再看叶阿菊，却见她惊恐地看着门口，和尚向门口一看，却见吴屠户睁大了眼，满脸怒容地盯着他。

色和尚因奸丧命，吴屠户井中抛尸

原来那吴屠户早早起来去赶集时，胡同里碰到定慧和尚，因其未穿袈裟，也未认出来他，还未赶到集上，忽想起忘了带秤，便又折回家来取秤，将车子支在了门口，进屋来取，正发现这和尚在床上抱着他媳妇造次。

叶阿菊总担心被人发现，被和尚亲时就半睁着只眼，忽看到丈夫出现在了门口，如何不大惊失色？吓得尖叫了一声，赶紧推开了和尚。

吴屠户哪里想到会在家里看到这种事，也惊得怔在了门口，一忽儿回过神来，顿时怒火冲天，大骂了一声："该死的秃驴，我杀了你！"说着拿起桌子上的一把屠刀，向着那定慧和尚就奔了过去。

和尚立时吓出一身冷汗，欲逃无处逃，欲躲无处躲，正慌乱间，却见吴屠户拿刀奔了过来，吴屠户这屋子太小，和尚无处可躲，又被屠户挡着路无法往外逃，眼看就要被吴屠户砍到，赶紧一蹦跳到了床里面，藏到了叶阿菊后面。叶阿菊现在如何敢护他，立时推了他一把跳下了床，这下便把和尚暴露在了吴屠户的屠刀之下，还没回过神来，便被其连砍带扎劈了几十刀，嗷嗷叫了几声，趴在了床上，就此毙命。

吴屠户杀完了和尚，怒气未消，便回身找媳妇算账，叶阿菊躲在门后，见吴屠户杀和尚的疯狂样子，吓得浑身如筛糠般哆嗦着，又见吴屠户拿刀向她走来，立时吓得大叫："啊！别杀我，不是我，不是我，是他强迫我的，是他，你杀了他，杀了他！"

吴屠户将刀指向媳妇，吼道："你这个骚娘们儿，你们什么时候勾搭上的？"

叶阿菊赶紧摆手否认："没有，没有勾搭，是他找的我，他勾引我，不是，他强迫我。"

吴屠户又吼道："他强迫你，你怎么不喊？你骗我！"

叶阿菊说："我怕，怕他打我，你饶了我吧！那和尚力气大，我无力反抗，如果不从他就要掐死我，我死了不打紧，不没人给你洗衣服做饭了吗？我就是被他打死了你也不知道啊，谁给我报仇呀？"

吴屠户听到这里心软了，念及妇人平时的体贴，叹了口气，将刀一扔，就饶了她，又看看床上的死和尚，想想自己刚杀了人，又吓得一屁股坐到了地上。

叶阿菊此时倒清醒了些，赶紧说道："别坐地上了，这和尚被你杀了，这可怎么办啊，趁天还没大亮，赶紧想办法扔出去吧！"

吴屠户听言，又赶紧起身，去床上把那和尚的尸体拉下来，扛到肩头出了门，看看胡同里四下无人，赶紧把死和尚扔到了胡同头的井里，又回到家嘱咐叶阿菊把床上的血迹弄干净，然后拿了秤，没事儿人一样赶集卖肉去了。

杨重民一衣找凶，莫老实受冤下狱

到了半晌，有村里人来井边挑水，发现井里有个死尸，急忙跑去报告镇上的里正。里正赶过来看了看，赶紧派人跑到阳曲县里报了官。县令杨重民闻报，赶紧带人来到镇上。

这个叫杨重民的县令是道光十八年（1838年）二甲进士，以知县签分山西某县，因其处事干练，为人有些恃才傲物，为官尚属清正，有些政绩，官声不错，为官不过两年便选为太原府阳曲县的知县。杨重民本人很是自负，常常自比近朝的彭施二臣，唐宋的狄包二相（"彭施二臣"指康熙名臣彭定求和施不全；"狄包二相"指狄仁杰和包拯）。

杨重民带人来到时，井边已经围了好多人，有村民也有寺院的和尚。杨县令一到，赶紧命人把尸首打捞上来，见是一个光头和尚，自然有很多人认得他是寺里的定慧和尚，但奇怪的是他穿了一身俗家的衣裳。仵作验尸，见尸体上有几十处刀伤，证实并非投井而死，乃是被人所杀，可为什么是换了衣服后又杀死呢？大家纷纷议论起来。

杨县令一思索,觉得这和尚为什么不穿袈裟呢,他的死肯定和这衣服的主人有关,于是大声问道:"你们有认得这身衣服的吗?"他这么一问,大家开始关注起和尚的衣服来,有个人上前看了看,说好像见在集上卖豆腐的莫老汉穿过这身衣服。

杨县令闻言,即刻回衙门审案,他派人把莫老汉抓来审问。莫老汉来到后闻知案情,连连喊冤,说:"这衣裳是我的不错,可这和尚的死跟我没有关系。"

杨县令不信,就问:"那为何你的衣服却穿到那和尚的身上?"

莫老汉就把和尚偷东西又借衣服的事说了一遍,但杨重民不信,因为莫老汉说到那和尚找他时,身穿一身嫁衣,这怎么可能呢?和尚不穿袈裟而穿嫁衣,太奇怪了,于是他料定莫老汉嫌疑最大,立时发下签去,叫捕役马上去莫老汉家搜查,果然又搜出一身嫁衣。

杨县令又审莫老汉,喝道:"莫老实!你和那和尚是什么关系?为何将他杀死?怎样弃尸井中?凶器藏在何处?——从实招来,若再抵赖不吐实言,休怪本官大刑伺候。"

莫老实辩解道:"大人啊,我说的是实话,若是我要害他,何必要送他衣物。"

杨重民冷笑道:"这正是本官要问你的,你倒问起老爷我来了。看你挺老实,叫个'莫老实',却实在是个刁民啊,不薄惩一下,不足以让你知道堂威。"说罢让人拖下去,打了二十板子,直打得莫老汉哭爹喊娘,打完下狱待审。

这时又有人报案,正是张百万派的人报张百万之女诈尸出

清末太原府街道情境

走一事。杨重民一听报案人的陈诉，说到张百万之女身穿嫁衣诈尸出走，就觉得这两个案子之间有关系，就派人把张百万带过来，指着那衣服首饰问张百万可认识。

张百万一看那嫁衣，就知道那和尚犯了案，至于什么事倒不清楚，就装作不知说："这衣服首饰正是二女儿玉姑入殓穿戴的。"说罢又假惺惺地哭起来："丫头啊，你怎么这么命苦哟！死后也不得安宁，让人扒了衣服。你九泉之下有灵，要让那黑心的不得好死……"

他这么一闹腾，还真激起了杨县令的悲悯之心，杨县令便联想到是莫老汉贪财杀了张百万的女儿，所以把嫁衣藏了起来，可能碰巧又被那定慧和尚发现了此事，就又把那和尚杀了灭口。杨重民觉得案子已有了眉目，便让张百万先回去等候消息，自己来到书房，命人将师爷王先利请过来。

王师爷以案喻案，杨县令因驴疑人

王先利是杨重民半年前所请的师爷，原来是个举人，也曾做过官，因贪污受贿被罢了官，回乡后被阳曲县令杨重民请来做了师爷。

这王先利也有些本事，帮着杨重民打理县务，井井有条，决讼断案，也很有见地，因此深得杨重民信任，凡有大事，杨重民都找他相商。

当下，杨重民见了王先利，二天喝茶聊天，杨重民道："王先生，今天这个案子您怎么看？莫老实和那个和尚是什么关系呢？这新娘的衣服怎会在莫老实的手中。他说是和尚穿了来的，这个说法过于离奇古怪，我是不信的。"

王先利从座位上站起来，走了两步道："我觉得断这个案子不能太武断，我听说过这样一个故事，是发生在明朝成化年间的一个案子，倒与此案相似，不知道大人听说过么？"

杨重民说："没听说过，什么案子？先生讲讲看。"

王先利："那是在安徽一个小镇。有一陈姓富户人家，户主陈老汉有一儿子，娶了一房媳妇。结婚的第二日，直到半晌了也不见小夫妻二人起床，在门外呼唤也无人应声，最后只好破门而入，却见儿媳却已死在床上，而儿子已不见踪影。

陈老汉以为是夫妻夜里产生口角，儿子一时生气，失手将其杀害，他怕为此让儿子吃官司但罪责，便不敢声张，将其厚葬。但儿媳妇的娘家是躲不过的，他就派人对那边说是得了急病死了，那边哪里肯信，找到陈家问罪，说出嫁前还好好的，从未有什么病根。如何刚进你陈家的门就不在了？还有你那儿子，若是无事为何平白无故地失踪？于是就去县里告陈老汉。

为一查究竟，县令自然是要开棺验尸。哪知打开棺材，里面却躺着一个四十多岁的男子尸体，头部为钝器所伤，显然是被杀后放进去的。

县令当下便将陈老汉法办，问他如何杀了此人，陈老汉大喊冤枉，说下葬的的确是他儿媳妇，县令派人查问，陈老汉的左邻右舍也说当日下葬的的确是他家儿媳妇。于是县令又派人查看坟墓，见有盗挖痕迹，又猜测是盗墓者分赃不匀，一贼为同伙所毙，被塞入了棺材。

那么那女尸去了哪里呢？县令又派人四处查访，因为想到有可能被人盗去配了阴婚，但查了半年，也没有查到，县令无法给陈老汉定罪，也无法结案，只好放了陈老汉，这案子也就搁下了。

陈老汉一大把年纪，丢了儿子，死了儿媳，无心经营家业，便将家产留给侄儿照管，自己到处流浪，只为寻找儿子。到了第二年，他在一村庄的人家讨水喝，却见那家的妇人十分面熟，那妇人见了他，也是神色犹疑，趁无人的时候，就问老汉是哪里人氏，陈老汉据实说了，那妇

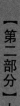

人就对陈老汉说："公公，你可记得我么？我原是你陈家的儿媳妇啊。"

陈老汉听言大惊，欲要细问，媳妇只摆手让他先走，陈老汉就走出这户人家，赶紧去报了官。

官府当下便派人将这家主人和妇人都拿到公堂，陈家媳妇当堂诉说事情经过，这案子才真相大白。

原来这媳妇那日并未真死，只是夫妻床笫间圆房时，因陈家儿子太过兴奋，亲吻新娘子时，将其亲得背过了气去，陈家儿子一看新媳妇不省人事，以为误杀了人，方寸大乱，不敢告诉家人就逃了。

那女人下葬之后，因所陪葬之物甚丰，当晚便遭两个盗贼盗墓。他们刨开土堆，刚抽开棺材盖板，从里面突地钻出了一个女人的脑袋，两个盗墓贼差点吓死，立时瘫倒在地，那女人慢慢从里面爬了出来，却又卧在了地上，口中连呼："救我，救我。"

两盗墓贼一看，正是陈家儿媳，原来这女人在被下葬之后缓过了气，已醒了过来，正苦于如何逃出棺材，后感觉有人动棺材，不禁大喜过望，再后来棺材盖板打开，就急忙往外钻，此时她已一天未进食，又在棺材里闷了许久，身体极虚弱，便喊救命。

她这一喊，两个盗墓贼便不怕了，知道是这女人未死而葬，于是二人将其拉到空地上，见这女人生得姿色极佳，竟又打起了这女人的主意，都想得到这女人，二人就起了争执，一人就趁另一人不备，用镐头将其敲死，顺便放到了那棺材里，又埋上土，之后将这女人抱走，路上连吓带哄，把她劫持到异地他乡，还成家过起了日子。

天网恢恢，报应不爽，后来这女人总算被陈老汉访着，使凶徒归案，真相大白。又过两年，其子在外地听说其妻未死便又回来了。

这个故事与此案有些类似，我们再看此案中，张百万的女儿玉姑也是死而复生，当夜走失，那么会不会是和尚与莫老实将她杀害谋财，后来因分赃不均，莫老实又将和尚杀死抛尸了呢？"

杨重民踱步想了想，说："虽有可能，但莫老实已经年过六旬，虽是常年磨豆腐有些力气，要将这年轻和尚杀死，并不容易啊。"

王先利说："当面自然杀不得，但暗里给一刀子，那和尚防不胜防，也是可能的。"

杨重民又问："那为什么和尚会穿着莫老实的衣物呢？"

王先利想了想说："也许是他觉得穿着僧衣不方便行事，所以临时换上了莫老汉的衣服。"

杨重民又问："那么莫老汉为何不就近抛尸，却长途跋涉将尸身运到寺院附近再扔到井里呢？"

王先利说："这很简单，抛尸越远，越可摆脱干系。况且这定慧和尚本在寺内居住，抛尸于寺庙附近，也可嫁祸于寺内僧人等人。"

杨重民又问："那和尚个子挺大，尸身沉重，那井又离莫老汉家那么远，他是如何运尸的呢？"

二人正在攀谈，外边衙役进来禀报道："从莫老实家搜出的切豆腐的刀与尸身伤痕相符。另外，莫老实家还少了一头拉磨的驴。

杨重民闻言，对王先利笑道："先生说得有道理，看来这莫老实十有八九便是真凶。这个驴必是抛尸的工具，需向莫老实问罪啊。"

张百万隐瞒真相，莫老实屈打成招

第二日上午，杨重民升堂，将张百万等一干人证叫齐，又将莫老实提上堂来。杨重民问道："莫老实。你是不是见财起意，与和尚合谋将张家小女杀死，劫夺了她的衣饰。然后又将和尚杀死的？"

莫老实听了此番话，犹如晴天响起一个霹雳，震得脑袋都发昏了，

清代太原平遥县衙

原先还想如何才能摆脱死和尚的案子，如今却是一波未平，一波又起，又有一条人命算在了他的头上。

于是莫老汉大喊道："小的实在是冤枉，我哪里见过什么新娘，只见过一个穿了嫁衣的和尚，要了我一身衣服便走了。再无其他事情了啊大人。"

杨重民喝道："你又胡说。哪里有和尚穿着嫁衣在夜里游逛的道理。你是怎样遇见的那新娘，把新娘的尸体抛在何处？又为何将和尚杀死？不许隐瞒，从实招来，免受大刑之苦。"

莫老汉哪知原因？只一脸无奈地摇头说不知道。

杨重民问道："那张百万说他家女儿张玉姑就是穿着这身嫁衣出走的，而这嫁衣又在你家里搜出，你如何能不知他女儿所在？还有那和尚的刀伤也与你家所用的切豆腐刀相吻合，另外，你的驴子哪里去了，你都给我解释解释怎么回事。"

莫老实闻言愣了一会儿，回道："大人这么一说，小人记起一件事来，还是那天前半夜的事，就是在那和尚来我家之前，曾有一对年轻男女也来过。男的姓曹，自称是张百万家的女婿，好像叫曹文璜，女子叫做张玉姑，是张百万的小女。因张百万悔婚，要玉姑另外嫁人，玉姑不喜那人，便同这曹姓男子私奔了，当夜正好路过我家。那女子路上崴了脚，行走不便，便来我家求救于我，我看他们挺可怜，将驴子借给了他们，那男子还给我留了十五两银子。”

原来那日晚上，张玉姑和曹文璜从金姑家走后，确曾到过莫老汉家，莫老汉所言并不假。张百万闻听此言，才确知女儿是和曹文璜私奔了。

这时杨重民问张百万：“你可有这样一个女婿？你女儿是逃婚而走的么？”

张百万知道莫老汉说的可能是真，但他又如何敢承认？因为一承认，那么他所做的所有的事情都露了馅，他不但要担罪责，姚家还会向他要人，于是就说道：“他说的是一派胡言，我家小女儿嫁的是太原富绅姚家，没有嫁给什么姓曹的，玉姑明明是暴病而亡，怎能与人私奔？这老汉平白污我家名声，实在是可恶。”

杨重民也不相信莫老汉的话，只当他是在瞎编，以逃避罪责，就说道：“莫老实呀莫老实，你老实个屁，这种荒诞不经之谈，你也拿来瞒哄本官。你以为本官傻是么？”于是就把愤恨迁怒到莫老汉的身上，让莫老汉招供，莫老汉本就说的是实话，哪里知道要招什么供，只好兀自辩解，杨县令却根本不听，只说不招供便大刑伺候，当下叫人在堂上用夹棍夹了几次，莫老实已经年迈，哪里受得了，夹一次便昏一次。几次死去活来之后，不必再用其他重刑，莫老实就吃不住了，他连哭带号，涕泪横流，嘴里喊着：“我愿招，我招！”

杨重民就问这和尚和玉姑两条人命可是你害的？莫老实说都是我害的。杨重民问如何害的？莫老汉瞎编起来，结果编得驴唇不对马嘴，杨重民就替他说道：“你与和尚早就相识，那晚上见一女子进来，就一时见财起意，二人将她杀死，后又分赃不均，你便将那和尚也杀死了，对不对！”

莫老汉唯恐说不对再受刑，便点头连连称对！

杨重民见莫老汉如此招供，便觉此案已基本告破，只须拿出物证便可，就又问：“你将玉姑的尸体抛在何处？”

莫老实哪里说得出来，想了半天，只好说：“小的一时想不起来了。”

太原平遥古城

杨重民说："这才不过两日，你如何就能忘了？看来不用大刑，你还要顽抗到底啊，来人，用刑。"

莫老汉听言又大哭起来，衙役正要用刑，王先利走过来摆了摆手，衙役停手，王先利走到杨重民身边，轻声道："大人，莫老实年纪大了，又刚受过重刑。若再用刑，恐怕受刑不过，死在堂上可不好啊。"

杨重民看看莫老实，果然是气息虚弱。那时候犯人刑毙于堂上，主审官是要被治罪的，他当然不想因之被治罪，便道："暂且将你收入狱中，你要好好想想尸体藏到哪里去了，明日升堂问话，你要再答不上来，休怪本官再给你用大刑。"

杨重民三日结案，曹文璜仗义申冤

又过一日，杨重民早早地升了堂，将莫老实提上来，问道："你可想起来抛尸之处了么？"

这时莫老实早想好了如何回答，就说道："大人，我记起来了。那日我与和尚将那女人杀死，是和尚出去抛尸的。那和尚回来后，还说他抛尸、杀人出的力最多，要分走所有饰物，只留一身嫁衣给我。我要嫁衣无用，又不敢去当铺当抵，因此起了争执。和尚力大抢了东西要走，我一时气愤不过，就捅死了和尚。所以我并不知道和尚将尸体抛在何处。"

杨重民听了，觉得莫老汉说得在理，又问："你说的可是实言？"

莫老汉点头称是，杨重民又问："为什么你不去抛尸，而让和尚去抛尸呢？"

莫老汉想想说："和尚力大，自然是他去抛尸。"

杨重民点点头，觉得莫老实的话完全符合案情，就叫莫老实画押具结，将莫老实问罪，将案卷成拟上报太原府。

这样，这场命案在三日之内就定案了，太原知府又上报省里的按察使和巡抚。因阳曲县、太原府与山西省府所在地本在一处，不用在路途传递上耗费时间，所以不到十日，山西省巡抚便依拟定案。但因为没有找到玉姑的尸首，是以该案悬而未结，暂时不能上报清朝刑部，山西省按察使司便下文督促查找尸体。

不明真相的人，还以为是杨县令慧眼通神，明辨奇案，三日之内便破了一桩大案，纷纷赞扬杨县令是个好官、能人。

杨重民此后官声更旺，上级多有夸奖之语，杨重民自己也是十分得意。因按照大清律例，若无受害者尸首，只有旁证、物证与罪犯的口供，也能依律结案。所以，杨重民觉得这个案子也算是铁定结案的了，靠其快速破案，还能捞些政治资本。

定案之后的第十二天，杨重民正在和王先利在院子里闲谈，衙役进来禀报说有人诉冤求告。杨重民升了堂命将告状人带上来，见那人二十余岁的年纪，长得眉目清秀，看上去像个白面书生。杨重民问他有何冤，那人却道是为莫老实申冤的。

原来这人就是曹文璜，那日晚上他和玉姑告别金姑之后，一时不知前往何方，二人就商量起来，玉姑说："你爹以前做官，你又从小读书，你爹有没有一些做官的朋友，可以让你投靠的，以你的才能，应该也能做个文书之类的活计。"这曹文璜听玉姑这么说，便讲道："你说得不错，我也有此意，先前曾打算投靠交城县令陈砥节呢，他是我爹拜过把子的朋友，为人很重义气，我们现在就去投靠他吧！"

二人说定，便往交城方向而来，夜里行走时看不清路，玉姑又是小脚，不小心崴了一下，曹文璜只好背着她走，更唯恐被张百万的人追上，心中着急，路过莫老汉家时，便敲门讨扰，莫老汉为人心肠极好，便让他们吃了些东西。曹文璜见莫老汉家有头驴，正可做玉姑的坐骑，便向莫老汉提出买他的驴，莫老汉也乐于助人，就说："驴子不能卖，既然小姐崴了脚，就借给你们当脚力吧。"曹文璜不知何日才能来还驴子，便留下十五两银子，让莫老汉再买一头，谢过出门，让玉姑骑上驴子，他牵驴步行，这样曹文璜和玉姑才得以到达交县，找到陈砥节，陈砥节确是个很讲义气的人，当初与曹文璜之父交好之时，曹父对他多有照顾，因而记着前恩，又与其交情极深，今见故友之子，当下将曹文璜认作义子，又见他颇有学识，更有心栽培，便让他在县衙内充作书记之职。

曹文璜又将张百万负约、玉姑逃婚与自己私奔的事讲了，陈砥节当下就答应将帮助他们让张百万同意他们的婚事。

前日，曹文璜在县衙中听同事说阳曲县发生了两件奇案，一个是张百万家诈尸的事，一个是莫老汉杀了玉姑和一个和尚，越想越不对劲，便回家告诉玉姑。两人一合计，猜出了其中大概，想到善良的莫老汉无故蒙冤，心中不忍，曹文璜便将此事告知义父陈砥节，只身来到了阳曲县衙，要向杨重民说明原委，还莫老实一个清白。

阳曲县古建筑

晚清四大奇案之谜

曹文璜说出真相，张百万掩盖事实

阳曲县衙大堂上，曹文璜说："小民曹文璜，本是本县大户张百万的二女婿，虽与莫老实只有一面之交，却知道他是冤枉的。"

杨重民道："胡说。张百万二女儿玉姑已许配给姚家儿子，你此番冒认张家女婿，为莫老实脱罪，难道你是莫老实的同谋？本官正在查找那玉姑的尸体，你来得正好。你将那玉姑的尸体藏在了何处？"

两旁衙役听言也齐声威喝，大堂嗡嗡地响。

曹文璜看看这阵势，反而轻轻笑道："玉姑明明还活着，大人何出此言！目下玉姑就在交城县衙陈砥节陈大人那里，我是陈大人手下的书办，听说莫老实被误作杀人凶手入狱。所以来这里为他辨冤。我若是他的帮凶，为何不远走高飞，反而要自投罗网呢？"

杨重民一听大惊，忙问道："玉姑果然活着？这是怎么回事，你从头讲来。"

曹文璜道："大人，我与玉姑自小便定下亲事，后来家父病亡，家道中落，张百万嫌弃我家一贫如洗，执意要将女儿嫁到姚家，而玉姑不愿背负前约，便在夜里约了我一道逃婚，我二人二更天从张家走出，在莫老实的豆腐店中歇了歇脚，借了一匹驴子，便去了交城，投奔我父的故交陈砥节大人。现下玉姑尚在，何来莫老实杀人劫物之说。"

杨重民觉得此案中还有故事，但又不相信这案子另有隐情，就问道："莫老实小本生意，如何愿意将驴借给你用？"

曹文璜说："我两人逃婚远行，当然要带些路上的盘缠。我们借驴时，留给了莫老实十五两银子，这足抵一头驴的价钱，并且事先我是想买他的驴，但莫老汉不想卖，说这么多年，和驴有了感情，于是我便说会将驴子还回来，莫老实自然愿意。"

杨重民又问："你说玉姑与你同逃，那你可知她穿的是什么衣服？"

曹文璜说："这我怎么会不知道，她穿的是绿色缎面棉袄裙，黄色长袖衫。"

杨重民听曹文璜与莫老实讲的情形相合，心下便知其中定有隐情，便有些犹豫，想了想，又让人传了张百万当堂对质，不想这张百万顾及脸面，他见了曹文璜后立刻暴跳如雷，说一定是曹文璜将玉姑害了，让杨重民将他法办。

杨重民叫张百万先退下，又让带上莫老实，莫老实一见曹文璜，便大哭道："你这个后生子啊，你可害苦我了，你可要为我申冤啊，那玉姑到底是死了没有呀？"

杨重民听言更觉案情不对了，就在堂上分开讯问曹、莫二人，结果二人口供相符，不像是编出来的。杨重民又想了想张百万假装恼怒的样子，又见曹文璜信誓旦旦说玉姑就在交城陈知县那里，心下已经明白了七八分，当下先将曹文璜收监，又写下文书派人送到交城县衙询问曹文璜说的是否属实。

杨重民安排完毕回到住处，此时他已经料定，此案肯定是冤枉了莫老实，但案子已经作为定案报到了省里，若要将案子翻过来，那么他头上的乌纱帽将有保不住的可能，况且此案是个先前是作为一案两命的连环案定案的，影响很大，一旦传出去是自己判错了，那自己恐怕将成为官场笑话，在这里做官几年来辛辛苦苦创下的好官声，必会在瞬间烟消云散。这更是一向心高气傲，将名声看得比命还重的杨重民所不能接受的，但若是这样将错就错下去，那曹文璜又要怎样打发，难道要让莫老实冤沉海底、真凶逍遥法外？

杨重民在县衙里心烦意乱，还有一个人比他更急，这个人便是张百万，当初莫老实在堂上提到曾经见过张玉姑与曹文璜二人，张百万才知道当夜二人曾在莫老实家歇脚，而那死的和尚又是从他家里跑出去后才死的，因为两件事都关乎自己声誉，而且和尚被人连捅多刀而死，更是件扯不清的麻烦事，所以他便一口咬定是玉姑暴病而亡，半夜诈尸，莫老实虽然冤枉，也只能拿他来顶杠。

玉姑与曹文璜私奔，张百万恨她无情，只当自己没她那个女儿，就也不打算再找她回来，那曹文璜又不是他的亲人，就更不用说了，他对曹文璜拐走他的女儿恨得牙根痒痒，另一方面更怕好不容易瞒天过海的事情又被揭出来，心里极不踏实，只想将曹文璜置于死地而后快。

张百万想了一夜，第二天将大管家李四叫到跟前道："曹文璜实在是可恨，平白拐了我的女儿，如今又要来翻案，看来不将他除掉，我张百万就没有脸皮在阳曲地界上混了。这样，你去账房支三千两银子，给知县杨重民送过去，一定要让他答应定曹文璜一个同谋之罪，让此案永不翻案。"

李四道："听说这杨知县极其清廉，为人也比较正直，怕他不收啊！"

张百万："我不相信这天底下还有不偷食的猫，他越清廉，日子越不好过，这银子对他就越有吸引力。知道么？这事情需尽快办，你告诉杨知县，这三千两银子只不过是见面之礼。事情办成，将送万两白银。"

山西乔家大院

杨县令不受贿赂，师爷得不法之财

　　李四领命，就拿了三千两银子的银票，来到县衙求见杨重民，说有莫老实案的重大线索要报，杨重民此时正为此案发愁，忽听说李四有线索来报，急忙让人把他引来问询。

　　李四见了杨重民道："大人，我是张百万张员外的管家，这件案子里，曹文璜冒充我家老爷的女婿，我家老爷并不认识他，希望大人能尽快将他法办。"

　　杨重民道："什么？法办曹文璜？张百万不认识曹文璜？你不要这么说，曹文璜说他与张玉姑早已订婚，是相约而逃，目前玉姑就在交城县衙里。我已向交城陈知县那里发去公文，不日就有消息。若是张玉姑不在，那曹文璜就是说谎；若张玉姑果然就在县衙，便是张百万胡说。"

　　李四知道现在不是说理的时候，就激杨重民道："大人明断，您前面已经将案子审得清清楚楚、明明白白，莫老实也认罪伏法。听说省府两级也已经批复了，怎么那曹文璜来到堂上说了几句话，就要将大人您已经定了的案子翻了？他凭什么？凭的不过是背靠交城知县陈砥节这个后台，难道大人您就真怕了？真任他轻轻将案翻了？"

　　杨重民听完一笑，说道："张百万让你做总管家，看来你的确有过人之处。这件事情在我看来，就是曹文璜与张玉姑早有婚约，而张百万不许，于是他在张姚两家成亲前将玉姑带走，张百万焉有不恨之理，不仅恨，而且是恨之入骨。所以欲除之后快，现下让你来做说客，对不对？"

李四听了这话，一时手足无措，慌忙道："看大人说哪里话，要说我家主人对曹文璜的恨也是有的，曹文璜平白污蔑我家二小姐，败坏张家名声，怎能不恨？但是非曲直自有公断，不是一两句话就能颠倒黑白的。"

杨重民拍着李四的肩亲热地说道："好，是非曲直自有公断。方才你说的话也有些道理，我会秉公处置的，你先回去吧。"

李四见杨重民脾气缓和，就从袖中掏出一张银票道："大人，这几天您断案辛苦了，我家老爷感激您断案神准，为张家洗清名声，特致谢意。等案定之后，另有重谢。"

杨重民没有接，斜着眼睛看了看道："你这是何意？你把本老爷看成是什么人了？老爷我平生只重清名不爱财，这辈子最恨的就是贪墨行贿、徇私舞弊的行为，你把银票快给我拿走，今天暂且饶过你，若是再敢出此污言引诱本官，立刻下到牢里去。滚！"

李四吓得如蒙大赦，赶紧退了出去。他从县衙出来，垂头丧气地往回走时，却听到后边有人喊他："李四兄弟，等一下。"

李四回头一看，是县令的师爷王先利，当时慌了神，行个大礼道："王先生，是小的一时冒昧，冒犯了知县大老爷，小人该死啊。"

王先利一笑道："你不知我家老爷的脾气。他是最重名节的，你给他银子不是等于打他的脸么？不过不知者不为怪，杨大人气量宏大，不会为这事再为难你的。我找你是另有事情。"

李四说："王先生有什么事尽管说，只要我李四能办得到的，必会倾力去做。"

王先利道："我找你并不是为我的私事，还是为这件案子。你想过么？这案子必不能翻，若是翻了，不但你家老爷名声不保，我家大人也官誉无存啊。所以，我一定要杨大人坐实此案。"

李四听言，觉得忽然柳暗花明，事情又有了转机，就眨巴着眼睛听他讲，王先利说："此案本已审定，但出了曹文璜这个变故，必要重审，

清代服装

还需要府县会审，主审此案的将是太原知府沈琮沈大人。到那个时候，这个案子是翻是坐，权柄就在沈大人和我家大人手上了。我家大人这里由我劝说，那沈大人是什么态度就说不定了？所以我还需在沈太尊那里打通关节。"

李四还是不敢相信，说道："这，这是真的么？"

王先利道："李四老弟，你方才做事太冒失。但凡送礼之前，总要找个线人打听，受礼者喜欢什么，讨厌什么，怕什么，敬什么。再找个引见人从中穿针引线，这才送得稳当。怎么就敢径直把银子端上去？"

李四这才如梦方醒，恍然大悟，原来陈师爷是想从中揩点油啊。不过，这正合张百万的心思，当初若是先找到他，也不必有这许多虚惊了。当下就将银票拿出，塞到王先利手中，道："陈先生教训的是，这是先头一点款子，我家老爷说了，若是办成了还要重谢。"

王先利一边将银票塞到袖子里一边道："做这些事情，不能只拉弓不放箭，银子要花到前头，事情才能做得顺畅。"

李四连声说："明白明白。我立刻就让我家老爷再准备五千两银子，一切就都仰仗先生了。"

王先利仍是笑嘻嘻地说："好说，包在我身上。总要让你家老爷满意。"

沈知府贪赃枉法，曹文璜无故下狱

王先利便托关系找到了那太原知府沈琮，此人为官数十年，向以爱财为名，贪污无数，因年纪已大，就要辞职还乡了，临走得了这么一笔外财很是高兴，当下王先利与沈琮一拍即合。

数日后，府县会审该案，太原知府沈琮一见了曹文璜便先入为主，不容他分辩就说治罪，硬要曹文璜承认是莫老汉的杀人同谋。

曹文璜据理力争，可那沈琮既拿了钱财，哪里会给他辩解的机会？而这杨重民见沈琮处处向着自己说话，一心要坐实此案，又不由得动了保全自己的私心，于是索性不问，将案责一股脑地推给沈琮，任由他审去，省得定案之后，自己落一个自掩过失的口实。这样一来，这个案子便基本全由沈琮负责了。

再说那陈砥节和张玉姑那边，陈砥节这日正忙公事，忽接到阳曲知县杨重民的公文，打开一看，却是要询问曹文璜的身份以及张玉姑的下落。陈砥节这才知道，曹文璜竟被认作杀人重犯被关押了起来，于是急忙拿来纸笔，将事情原委详详细细说明，写了回文证明。然后又另写了一封私信，托杨重民多多照顾曹文璜，不要让他在狱中吃亏。

而那张玉姑听说曹文璜一回阳曲县便身陷人命官司，顿时哭作一团，找到陈砥节要立刻回去救他。

陈砥节道："这里边还掺和着另一件人命官司，你若回去，未必就能救得了曹文璜。而且你父亲正在找你，你去了不是自投罗网，把事情弄得更复杂了么？若是你爹将你塞入花轿，硬抬入姚家。我怎么去向文璜交代？"

张玉姑呜咽道："我父嫌贫爱富，为人刻薄，只怕他已经买通了那阳曲知县，上下串通，要将曹郎暗害。不然，好端端的曹郎如何会遭此祸事？大人可要帮帮他啊。"

陈砥节道："玉姑你莫要慌张。文璜是我义子，岂有不救之理？阳曲杨知县或许判案有失，不过他为官两年，做官尚有清正之名，以他的为人，是不会错判此案的。我已经写下回文将事实说清，杨知县并非昏庸之人，料无大碍。我已派府里的人前去打听，若事情有变，我就亲自去阳曲一趟，你稍安毋躁。"

玉姑这才稍微放心，日夜盼着阳曲的公文早些到来，曹文璜无事才好。

可是陈砥节和张玉姑哪里知道，这曹文璜还没为莫老实辨冤，自己反倒也成了阶下囚，正被诬陷人命大案，已危在旦夕。

会审堂上，面对沈琼的无端指罪，曹文璜高声喊冤，沈琼当下便对他用刑，杨重民心下不忍，便称病借故回府。回来后接到交城县衙的回文和陈砥节的私信，都说玉姑尚在，曹文璜的确是交城县衙书吏。这杨重民拿着信件，犹豫不决，这时他还是存着想保全自己名声不愿翻案的打算，但信件过来，他也只好拿过去交给沈琼，他赶到时，恰逢曹文璜熬刑不住，也招认了事先给他定下的案情，沈琼就将他收监待决。

这杨重民将信交由沈琼，沈琼只瞄了一眼就说："犯人招供，该案已定，看此无用，拿回去吧！"

有了这句话，杨重民也宽心了，便与沈琼将案情整理上报。

太原晋府门楼

陈砥节得升知府，冤案万幸得转机

　　事情发展的这个阶段，此案便成了一桩严重的冤案，为什么没有成为冤案而成了奇案呢，这也许是苍天有眼。这交城县令陈砥节尚未来得及等到阳曲的回文，却在第二天接到了清廷吏部的任命文书，让他去做太原知府。

　　原来，那太原知府沈琮上交辞呈后，吏部着准，并着陈砥节接任其太原知府的位置。这样，陈砥节就由正七品知县一跃晋升为从四品知府，这样一来，阳曲县的案子他也可以亲自审问了，但按照清朝道光年间的吏部陋规，州县官晋升时虽可径直赴任，却要照常例交纳晋升部费，方能得到吏部发出的正式通知，陈砥节怕耽误了案情，便凑了一百两银子换成汇票，着驿站飞马递到京城，找熟人送入吏部，但这一来一往，便费了时间。府中派往阳曲县的人回来报告案情，陈砥节更是大急，就提前去太原府交接，府里人知他将是太原知府，自己的顶头上司，谁也不敢得罪，有无公文都一路绿灯，于是交接还算顺利。

　　而那杨重民听闻陈砥节已升任太原知府，吓得几乎瘫倒在地，心下后悔不迭，开始压下案子，并对狱中的曹文璜讨起好来。

　　交接之后，陈砥节便上书省里，就真实案情作了进一步说明，要求重审此案，接着他看案卷，查证物，访保人，忙了三天。这时省按察使也批文明示发回重审，他便让人请阳曲知县杨重民过来共审此案。

太原府门前石兽

　　杨重民与陈砥节同为太原辖县的知县，虽未有深交，却也彼此认识，但杨重民觉得自己接了陈砥节的回文后并没有按实详查，反而请了病假看热闹，任凭前任知府沈琮糊涂专断；二是更未按陈砥节私信照顾曹文璜，让他身受酷刑而不过问。如今陈杨二人由同级变成了上下级，陈砥节已经是杨重民的顶头上司了，杨重民实在不知道该如何去面对陈砥节，心里是又悔又怕，十分焦躁。这天听说陈砥节让自己过去重审此案，自然无法推托，只好硬着头皮前去审案。

　　杨重民先到了后衙见了陈砥节，作拜见谢罪之礼。陈砥节也没有怪罪他的意思，只让他在堂上坐定共审。

　　因为此事涉及张百万家中丑事，而且陈砥节顾及曹文璜岳父张百万的面子，不想让其家丑外扬，便在内堂公审此案，堂上只留了两个书办，一个杂役，让两个衙役在门外随时听候吩咐，其余闲杂人等没有命令一律不得靠近。

陈砥节公平决断，张百万伏首认罪

陈砥节命人先带张百万上堂来，问他道："张百万，我问你，你女是得何病而亡？请的是哪家大夫？开的是什么药方？"

张百万瞎编道："回大人，小女得的是急症，还未来得及请大夫就没有气息了。所以不曾请大夫开药。"

陈砥节又问："人既已死，未何还要给尸身穿上新娘衣饰，是何道理？"

张百万说道："小女既已许给姚家，生是姚家人，死是姚家鬼。所以换上嫁衣，是准备将其送到姚家祖坟去的。"

陈砥节说："好一张利嘴，说得滴水不漏。我再问你一遍，你家玉姑是死了么？你可看真切了？"

张百万回答道："小的和家人们都看过了，确实是死了，那夜尸变，尸体走丢了。"

陈砥节说："既然你女儿已经不在了，那怎么没有尸体了呢？"

陈砥节问："没有找到么？"张百万当然说没有找到。陈砥节便说："不必找了，我再还你一个活生生的女儿如何？"

张百万惊道："大人，这是什么意思？"

陈砥节一点头，身旁的一位衙役走到屏风后头，跟着出来一个女人，正是张玉姑。

张百万一看，顿时怔在当场，张玉姑道："爹爹，事到如今，真相大白，您还是说实话吧。明明是我与曹郎一起出走，何来走尸之说？若不是陈大人手下留情，哪里会这样宽待于你。"

张百万不由得张口结舌，低着头说不出话来。

陈砥节又让人带来了张百万的管家李四和两名长工，问他们道："那日晚上，你家主人张百万家死的，是他家二女儿？还是个和尚呢？"

张玉姑现在明明就在堂上，两人的眼睛不瞎，立即跪倒说："是，是个和尚。"

陈砥节让他们将当日晚间的事情如实招来，若有假话，将受刑罚，管家和长工以为知府大人已详知案情，就将当晚之事一一说明。

还未等他们说完，张百万便扑通一声跪倒在地，待几人说完，陈砥节对张百万正色道："张百万，此案乃因你一再蒙骗官府，陷害良民，欺心昧良，致使此案几定几翻，莫老实与曹文璜先后被冤。你如此恶行，该当何罪？"

张百万伏地落泪道："小民有罪，小民当时只想顾全两位女儿名声，又怕姚家来要人打官司，才做出此举，小民现在情愿受刑，任由大人发落。"

山西王家大院建筑

张玉姑不知父亲将被定为何罪，想他一把年纪，因自己的事若入牢狱，恐吃不消，不禁也站在一边哭成个泪人一般。

陈砥节看了看二人，点点头道："张百万，念你在阳曲县口碑尚好，是个安分的良民，你虽有欺瞒之罪，但还算情有可原，本官就给你一次改过自新的机会，我问你，你是愿受刑呢，还是愿挨罚。"

张百万闻言，当然知道陈砥节是有意宽恕于他，赶紧说道："小的愿罚钱自赎。"

陈砥节说："好，罚你一千两白银。为莫老实、曹文璜治病疗伤，以后你更要多做善事，造福一方，你看如何？"

张百万磕头道："大人断得公正，小的愿受其罚。"

莫老实无罪释放，吴屠户认罪伏法

坐在一边的杨重民这才知道详细的事实原来如此，不由得对陈砥节暗自敬服。

陈砥节转头对他说道："杨大人，现玉姑之案虽然了结，但和尚之案还未审定，依你之前的审定，此事与莫老实和曹文璜都有干系，事实是不是如此，我们且审下去吧！"

杨重民点头称是，陈砥节让人带曹文璜和莫老实上来，二人来到，曹文璜见陈砥节坐在堂中，杨重民坐在下首，玉姑和张百万也在，想起这些日子来的事情和所受的冤屈折磨，一时百感交集，不禁痛哭流涕，玉姑见状，赶紧走上前去，与曹文璜抱在一起，哭作一团。

张百万见了，想起此事因自己欺瞒而起，致使女儿和曹文璜受此大难，心中就像打翻了五味瓶，只把脸扭向一边，不敢正视。

陈砥节说道："曹文璜，莫老实，那和尚是你们杀的吗？"

曹文璜当然说不是，莫老实见换了主审官，又见玉姑在场，知道这是还给自己清白的好机会，也赶紧说不是。

陈砥节又问莫老汉："曹文璜和玉姑是什么时候到你家的，那和尚又是什么时候到你家的，都呆了多长时间？"

莫老汉据实以告，陈砥节又问："照你这么说，和尚与曹文璜并未见面，是么？"

莫老汉点头称是，陈砥节看了看杨重民说："判案最需要证据，按莫老汉所说，那曹文璜是在二更天先来到豆腐店，而和尚是五更之末到的豆腐店。分析起来，这与刚才张百万管家和长工所说的话是一致的。而曹文璜既携玉姑私奔，自然是一心远去，又怕被张百万带人追上，所以不可能在莫老汉家等上三个时辰，再说他一个离家数年的书生，怎会与一个未曾谋面的本地和尚有仇，并且非要杀之而后快呢？而且他又如何能未卜先知，料定那和尚必定要来豆腐店呢？若说赶巧碰到一块了，那和尚也不是有钱财的人，没必要让人谋财害命，所以，若说莫老汉伙同曹文璜将和尚杀死，未免过于牵强了吧。"

杨重民面红耳赤道："大人说得在理，小人先前的确有错判，幸得大人慧眼明察秋毫啊。"

陈砥节道："所以，按一般情况分析，应该是未到三更时曹文璜携玉姑离开家莫老汉家，五更时和尚才到莫老实的豆腐店，二人根本不曾会面，且曹文璜与和尚从不相识，又没有利益瓜葛，曹文璜没有杀死和尚的嫌疑，本案可判曹文璜无罪，你看如何？"

杨重民说："大人英明，全凭大人作主。"

于是陈砥节下令将曹文璜当堂释放，玉姑见状，喜不自胜，二人谢过陈砥节，回到堂后。

那莫老实见曹文璜被当堂释放，不知自己将如何，便喊到："曹公子，你不能一走了之啊，救救我啊！"

曹文璜回头说："莫老丈，你放心，二位大人今日定会还你一个清白，你稍安毋躁。"

陈砥节问莫老实道："莫老实，你说你家的嫁衣是和尚换给你的，所以他才穿了你的衣服，这符合情理，但是和尚身上的刀伤，却和你用的豆腐刀吻合，这是怎么回事呢？"

莫老实说："大人，那和尚真不是我杀的啊，可能是杀他的人，用的是和我一样的刀吧！我那豆腐刀，是从阳曲县城南王铁匠铺买的，那王铁匠也不会只造一把那样的刀啊！"

陈砥节闻言笑了，说道："嗯，你说得也在理，来人，去找王铁匠来堂上。"

王铁匠家离县衙不远，过了一刻钟，王铁匠来到堂上，他不知出了什么事，一上堂来就磕头道："小的一向安分守己，从来没做过什么违法的事，请大人明查。"

陈砥节说是问他一件事情，他才安下心来，之后陈砥节叫人将从莫老实家搜出的那把刀递给王铁匠，问他说："你看看这把刀是你铺里打出来的么？"

王铁匠细细看了看道："正是小民铺里出来的东西，小民打这样的刀，打了无数把了。"

陈砥节问道："通常都是什么人会用这样的刀呢？"

王铁匠："这刀细而长，可做切豆腐、切凉粉、切肉、切西瓜、切水果用，所以一般是卖豆腐、凉粉、肉类、水果类的人用。"

陈砥节点头称是，又示意让王铁匠回去了，转过头又对杨重民说："杨大人，看来那和尚的死的确是另有原因的，我们不能因为一把刀相像，就非得赖得莫老实身上，这种刀很多人都有，再就是我认为，莫老实年岁已高，驴子又被曹文璜借走用了，他不可能背着一个人走老远的路扔到寺院旁的井里，我觉得，既然和尚被扔到寺院旁的井里，那么凶手要么与和尚认识，要逃脱干系栽赃别人才扔到那井里，要么就是寺

【第二部分】太原奇案

晚清四大奇案之谜

山西省寺院建筑

院附近的人，因为天快亮了，时间上来不及往别处扔，便扔到了那井里，所以这案子还得从那寺院附近的地方调查，可以从那王铁匠说的几个行业的人入手，并调查和尚与哪些人有恩怨纠葛，这样一来，和尚的命案或有水落石出之日。"

　　杨重民看陈砥节一番断案，心下佩服不已，觉得陈砥节的确比他能干，忙点头称是。于是陈砥节就吩咐下去，让人在寺院附近的村庄中查找。

　　仅过了两天，事情就有了眉目，捕快们查访明白，认为距寺院不远的镇上有一吴姓屠夫嫌疑最大，此户人家以杀猪卖肉为生，很有可能有与莫老汉一样的刀，此家却于和尚被杀后的第三天搬走，现不知去向，而且镇上有传闻称吴屠夫的女人叶阿菊与那和尚有不正常男女关系。

　　于是陈砥节开出捕拿令，让捕快们限期寻访捕拿吴屠户。只过了五天，捕快们便在太原府晋祠镇将吴屠户及其妻子叶阿菊捉拿归案。

　　再审之日，吴屠户及其妻子被带到堂上，陈砥节惊堂木一拍，吴屠户扑通跪倒，竹筒倒豆子一样将杀和尚的事情说出了，陈砥节问吴妻是否如此，叶阿菊答正是如此，那和尚调戏于她，才被其夫所杀。

　　原来，这吴屠户那日杀了定慧和尚后，虽去卖肉，但心里还是害怕被查出来，回家后，知道和尚已从井中被打捞出来，官府已开始侦查此案，心中还是害怕，后来听说莫老实做了替罪羊，才稍稍放心，又照常做生意做了两天，终是心里放不下，只恐杀人之事败露，便悄悄带老婆离开阳曲去了晋祠。

　　陈砥节让把吴屠户的作案凶器呈上来，捕快将其递给陈砥节，一看果然与莫老汉的豆腐刀一般无二，再问吴屠户是不是他的刀，吴屠户看了一眼，点头称是。

陈砥节又让捕快和仵作带吴屠户和叶阿菊回家查看作案现场，吴屠户一一指认，有血迹的被褥也翻了出来，成了新的证据。

疑犯被押回到堂上，陈砥节当堂宣判：莫老实无罪，当庭释放；因定慧行奸在先，吴屠户是激愤杀人，判杖二十流两千里；叶阿菊与人通奸，又包庇隐匿命案，杖责九十。之后让吴屠户、叶阿菊画了押，就此定案。并送省按察司核准。是年秋，刑部下了终审批呈，依拟结案。

冤案昭雪成奇案，众口相传失其真

犯人带下去后，陈砥节对杨重民道："杨大人，你对此案案情有何看法？"

杨重民低眉道："果然是我错了。大人明断，下官十分佩服，哪里还有什么可说的？"

陈砥节一笑，又问李四深夜为杨重民送银子的事。杨重民据实回答，并未受贿，陈砥节念他一时不慎，对他未能秉公断案也未深究，但杨重民也算是个固执耿直之人，对此十分自责，写文向上面自请罚劾，后吏部回文着其革职留任，算是个警告处分。

前任知府沈琮受银之事，陈砥节也有耳闻，但沈琮却是有后台的，陈砥节拿他也没办法。道光年间，吏治败坏，官官相护，天下如是者多如牛毛，沈琮此时已回乡归老，如何还能查得清。且事涉张百万行贿之举，而自己的义子又将是张百万的新婿。所以有了这两层原因，陈砥节并未深究此案。

定案之后，张百万仍然没有公开承认曹文璜为婿，陈砥节知他是放不下脸皮，就亲自给他写了一封信，责他说此案全因他为保脸面一意孤行而起，使女婿和莫老实平白受冤，自己未治他罪，便是顾及他的脸面，劝他以亲情和女儿幸福为要，与女儿女婿冰释前嫌。

张百万见信，诚惶诚恐，赶紧亲自前来，将女儿女婿接到家中，一家团圆，不日成婚，皆大欢喜。

太原奇案案情起先似谜，后来才逐渐澄清，但这一奇案的案情经过后来人们口头传说，以及戏曲、小说的采用，使得本案的真实案情变得扑朔迷离起来，使得原本并不是谜的案件，渐渐成了一个无法看清真实情况的谜案，如2012年新拍的电视剧《衙门口》，就对案情做了戏说式的处理，如今我们从图书和网络上看到的太原奇案，其版本众多，说法不一，难辨真伪。

在清末四案中，此案与政治无关，属纯民事案件，社会意义和影响力也不如其他三案。但该案案情之曲折，情节之离奇，让人为之瞠目，故称奇案。此案给人们的启示是，案情虽然可以想当然地去推理，但看似正常的情况下，也许另有隐情，在此案中，若不是陈砥节因升迁而得审案的机会，恐怕此案将成千古冤案。

张汶祥刺杀马新贻案

第三部分

政坛新秀马新贻，治理两江政绩多

公元1870年8月22日，清朝同治九年农历七月二十六日，大江东南岸的江宁府（今南京市），朝阳初升便似火烧，但市面繁华，街市人来人往，商肆林立，一派热闹景象。很难想象，七年前的这里还是太平军的天下，是其定都处——天京城。之前和之后的几年之中，这里数度燃起冲天战火，1863年，曾国藩的数万湘军在其弟曾国荃率领下，将当时的太平天国天京城再次围得水泄不通，昼夜炮火猛攻，城破后兵士劫掠全城，又放火烧了三天。这里的人民炮受战争的折磨。

但那时的硝烟已经远去，太平军败走后，江宁城在曾国藩、李鸿章师徒两任两江总督休养生息下，渐渐恢复了繁华气象，秦淮河边又起桨声灯影。1868年8月，马新贻任两江总督兼通商大臣，其人以"能员"著称，到任后蠲免钱赋、肃清匪盗、振兴文教、平反冤狱，很为江宁百姓感戴。

两江总督，正式官衔为总督两江等处地方提督军务、粮饷、操江、统辖南

美丽的南京秦淮河

河事务，是清朝九位最高级的封疆大臣之一，总管江苏、安徽和江西三省的军民政务，官秩一品大员。由于清初江苏和安徽两省辖地同属江南省，因此初时该总督管辖的是江南和江西的政务，因此号两江总督。太平天国运动之前其职位多由满人担任，之后汉人渐多。

马新贻，字谷山（一说毂山），号燕门，别号铁舫，回族，山东菏泽城东北西马垓村人，生于道光元年（1821年），祖辈几代都是清朝官吏。道光二十七年（1847年），27岁的他中了进士，与李鸿章同年，但未入翰林苑，榜下即用，先任安徽建平（今郎溪）县知县，再任合肥县知县，这时他开始带兵与太平军交战，曾从太平军手中夺得庐州，被清廷委任为庐州知府，之后又因战功升任安徽按察使（俗称臬台），再升安徽布政使（俗称藩台）。同治三年（1864年）升浙江巡抚（俗称抚台），成为一省行政长官。同治六年升任闽浙总督（俗称制台、制军），成为节制浙江、福建两省军政的封疆大员。同治七年，改任两江总督，节制安徽、江苏、江西三省军政事务，并兼办理通商事务大臣（虚衔），官居一品。

咸丰三年（1853年），马新贻任合肥知县时，曾随钦差大臣袁甲三率兵平叛太平军，攻破了太平军占领的盛家桥、三河镇等据点。其后，庐州城被太平军占领，他招募骁勇进行训练，以图克复。因太平军刚到，马新贻暂避其锋芒。后乘其不备，夜间火烧太平军大营，大败太平军，攻占了庐州。由于平定太平军有功，他得以升任庐州知府。之后在安徽战场先后与太平军、捻军作战，屡立战功。

1858年，马新贻任按察使时，舒城、六安等州县失守，太平军将领陈玉成率军进攻庐州，马新贻随同清军官兵迎战，但被太平军打得大败，庐州重新被太平军占据，因而被清政府革职留任。1860年，在钦差大臣袁甲三保举下，马新贻复官，同治元年（1862年），马新贻回家奔丧百日后，赴大营办理军务，署庐州、凤阳、颍川兵备道，随安徽巡抚唐训方巡视蒙城、亳州。同治二年，他在蒙城战胜太平军，升任安徽布政使。

马新贻为官，很有政绩。早在安徽任知县时，便"以勤明称"。1864年，马新贻被清廷委任为浙江巡抚。在任期间，他学习曾国藩的做法，奏免"逋赋"（因战争而拖欠的赋税），"奏减七府浮收钱漕"，"请罢漕运诸无名之费，上从之，命勒石

马新贻雕像

永禁"，"筑海宁石塘、绍兴东塘，浚三江口"，"厚于待士，会城诸书院皆兴复，士群至肆业，马新贻皆视若子弟，优以资用奖励之"，"严州、绍兴被水，蠲赈核实，灾不为害"。

1868年二月，马新贻任浙江、福建总督，八月又改任两江总督，并兼通商大臣。他总督闽浙、两江时，致力捕盗，裁撤扰民关卡。所以《清史稿》"列传二百十三"说马新贻"官安徽、浙江皆得民心，治两江继曾国藩后，长于综核，镇定不扰。"。所谓"长于综核，镇定不扰"，意思是善于综合治理，安定一方。可以看出，他是个既有能力也有儒家造福天下之心的好官。

马新贻校场阅兵，张汶祥突袭得手

到了同治九年（1870年）七月二十六日，马新贻来任两江总督已两

年多了，其住所即江宁府署，这日他赴江宁府署右箭道校阅士兵操练，这是他很重视的事情，所以很早便来到了这里。

原来马新贻来到江宁府莅任两江总督时，看到这里经历兵灾，兵连祸结，于是上奏朝廷说：官兵虚弱，无以壮根本，请选各营二千五百人屯江宁，亲加训练。马新贻如此做法，也是考虑到这一带才从太平军的统治中恢复过来，地方武装还有不少，湘军刚刚解散，但分散的湘军势力也有一定的规模，为保辖区无事，他向朝廷提议组建新式军队，保一方平安。朝廷准奏后，他将选出的兵勇编作五营，规定每日操演两次，专习洋枪、抬炮、长矛，每月廿五日校阅，但这次是因昨天大雨不停，才延至今日。校阅重点是看兵勇用洋枪打靶。每次校阅，马新贻都要亲临，这几乎形成了一种制度。

这时的马新贻总督府还是借用江宁府署，与校场只隔一条箭道，马新贻可以步行来去，甚是方便。府衙边上许多百姓为看热闹，一早便来到江宁府署西面的栅栏外，争看校场里绿营兵勇使洋枪打靶。

马新贻高高坐在检阅台上，在总兵刘启发、营务处总管袁保庆、记名总兵署督标中军副将喻吉三等人的簇拥下仔细观看士兵的训练情况，随着武巡捕叶化龙将马新贻的号令传出，校场里枪声大作，人群中喝彩一片。

校阅完毕后已过巳时，马新贻对今天的校阅情况还比较满意，他站起身给士兵们说了几句话，鼓励士兵们再接再厉，训练出更高的水平，之后便在左右一众下属的簇拥下离开校场向府衙走去，准备去处理今日的公务。

马新贻人长得高大，身为两江总督，自然有不一般的气势，穿的官服又光彩四射，整个人威风凛凛，百姓们看完士兵训练，又夹道看起马新贻来，观者都赞叹不已。

马新贻一行人将至督署西便门时，人群里忽然跑出一位壮硕男子，对着马新贻就跪倒在地，高声呼叫说："大帅，大帅救我啊！大帅救我！"

马新贻听是山东乡音，停步看去，不禁皱眉，说道："唉，你这个人，你怎么还未回去？"

原来这男子是马新贻的同乡，名叫王咸镇，本是个低级武官，其人好赌，因是同乡的关系，他曾几次来找马新贻，说是想回家却没盘缠，马新贻就给了他一些，但他得了银子后立即就跑到赌场挥霍。马新贻知道后就吩咐仆人再不准他进督署，于是今日他寻机截道又来求助。此时他跪在地上只是磕头，不停口呼"大帅救我吧！"

马新贻的侍卫们赶紧拦到此人之前，马新贻对此人也有些不耐烦，停步对他说："你怎么又来了？我已给了你两次，你却恶习难改，我帮不了你！"

马新贻看了他一眼，便转身向前走去。还未走出两步，人群里突然又冲出一位壮汉，口呼："大帅，马大人，我冤枉啊！我冤枉啊！"说着飞奔近前，直扑马新贻而去。喻吉三等人正拦着先前那人，此时赶紧回身阻拦这位壮汉，却已然不及。马新贻转头去看来人，还未看清那人面目，便觉寒光一闪，右肋下跟着一疼，便动弹不得。

原来，那大汉看看已扑近马新贻，猛地从衣襟内抽出一柄利刃，向前疾速猛刺，正中马新贻右肋。

马新贻向下一看，右肋下有一柄短刀之柄露在外面，吓着大叫一声："扎着了！"随即瘫倒在地。

那汉子这一刀显然是拼尽全力，刺得刀没至柄，马新贻肋下顿时鲜血喷涌！

马新贻的护卫们这时才反应过来，跟随差弁方秉仁上前抓住那人的辫子，夺过他手中的匕首。其他差弁一拥而上，将其扭住。但那大汉并没有逃走的意思，而是高喊："养兵千日，用在一时，大丈夫一人做事一人当。今日拼命，二十年后又是一条好汉。"然后连喊了几声"痛快！"之后仰天狂笑，束手就缚。

【第三部分】张汶祥刺杀马新贻案

马新贻遇刺之校场

家丁张荣急忙扶起马新贻，见其面如土色，双手紧抱胸部，右臂紧紧夹着右肋，萎缩着身子，已不能站立。差弁取下门板，将其抬进总督府衙督署上房，迅速关上便门。

人们都被这突如其来的情况惊得呆了，一会儿又如炸了锅一般乱作一团。当时在场的中军副将喻吉三听到呼喊，急忙赶到，喝令将凶犯和还跪在地上的王咸镇捆缚，押到督署候讯，一边差人飞报江宁将军魁玉和司道各员，一边飞马延医。

这就是晚清时期的一大奇案——张汶祥刺马案发生时的情景。

总督被刺缘由奇，刺客反成侠义士

两江总督遇刺这样一件惊天大事，立时传遍江宁全城，于是待到将军魁玉、署理藩司孙衣言、臬司梅启照、学政殷兆镛以及江宁知府、上元江宁两县令赶到督署，门外已聚集上万百姓，看热闹的人已将总督衙门团团围住。

众官也无心弹压，边走边让侍卫去疏散人群，一行人急急去上房探视过马新贻，却见情况极为不妙，都忧心忡忡，之后魁玉立刻带众官升堂开审，又饬委藩司梅启照、署盐道凌焕、江宁知府冯柏年、署理上元县知县胡裕燕、江宁知县莫祥芝、候补知府孙云锦、候补知县沈启鹏、陈云选等人，大家连夜讯诘。衙役将那壮汉五花大绑押了上来。魁玉将惊堂木拍得震天响，大喝道："大胆凶徒，竟敢行刺马制台，你究竟是何人？何处人氏？从实招来！"

那大汉面无惧色，一副视死如归的神情，从容答道："俺乃河南汝阳人张汶祥（有些史书中称其为"张文祥"）是也！"再问，张汶祥开始语言颠倒，毫无确供。

8月23日，加派臬司贾益谦、候补道勒方、候补知府钱海永、皖南道李荣、江苏候补道孙衣言、山东候补道袁保庆等轮流审讯。魁玉一面督饬司道各员继续会审，力图得到确供，一面立即拟折并紧急驰奏朝廷。

再说这个张汶祥，他为什么要甘冒杀身之祸，去刺杀两江总督马新贻，并且一击就成功呢？至今，这一案件的真实案情到底如何，仍是众说纷纭，因此也成了一个千古之谜。

有这样一个传说，说在咸丰五年，任庐州知府的马新贻率团练与捻军作战，一次战役中全师尽没。马新贻被捻军曹二虎部生擒。

这曹二虎本是山贼土匪，与结义兄弟张汶祥干打家劫舍的买卖，后来投靠了捻军，成了一个小头目，但张汶祥久有"反正"之心，于是对曹二虎道："哥哥，如今捻子四分五裂，我看他们终究成不了气候，我们何不借这姓马的光，走条大道呢？"

曹二虎对张汶祥的话表示同意，当下便将马新贻松绑，并置酒宴款待。马新贻为人极其聪明，立时就看出变化，于是就劝张曹归顺朝廷，表示定有高官厚禄。为了取信两人，马新贻还与他们歃血为盟，结拜兄弟，马新贻当仁不让地做了大哥。

此后，马新贻以官府的名义收编了这支队伍，因他字毂山，遂为队伍取名"山字营"，张曹二人俱为营官。之后的马新贻靠着"山字营"屡立战功，步步高升，到同治四年，已做到安徽布政使。

这时，曹二虎将妻子郑氏接来安庆，郑氏极为漂亮，让马新贻一见倾倒，那郑氏也是本性风流，也爱马新贻一表人才，觉得他官途无量，于是二人瞒着曹二虎勾搭成奸。

　　不想这事被张汶祥看在眼中，他气愤异常，便悄悄去告诉曹二虎。曹二虎一听，盛怒之下提刀去杀郑氏。谁知郑氏又哭又闹，矢口否认，说道："你哪里听了外人的挑唆，不但诬蔑我的清白，又坏了你们兄弟的义气。"曹二虎本是个没主意的，这二年又一路跟着马新贻升官发财，闻妻之言后，反倒疑心起张汶祥来。

　　不久，马新贻忽然派曹二虎去六百里外的寿春镇领军火，张汶祥闻讯，心知曹二虎大祸临头，赶去阻拦，曹二虎不听，赶去寿春镇办差。不想一到军营，他就立时被绑了起来，曹二虎争辩，军营人说他是私通捻匪，曹二虎才想到是马新贻故意如此，不禁仰天长叹，当夜，曹二虎被杀于军营。

　　张汶祥阻拦不成，坐卧不安，后决心前去保护，不想赶到时曹二虎已死，想起之前兄弟间的种种情义，张汶祥抚尸痛哭，并立誓报仇。

　　马新贻除掉了曹二虎，正自高兴，忽又听说张汶祥欲报仇的事，便对张汶祥忌惮起来，开始有意躲着他，再也不见张汶祥，但张汶祥不死心。之后的几年间，马新贻到哪里做官，张汶祥便跟踪到哪里，一路从安徽到浙江，又从福建到江苏江宁，终于在江宁校场手刃大仇。

　　这一段情由流传于世，像是小说家编写的一个故事，但其实不是。据说这是出自张汶祥的初供。世传有多个版本，细节上略有出入。有说张曹是太平天国侍王李侍贤的部下；有说马新贻早在山东时便勾结响马；有说马新贻与张汶祥、曹二虎结义当日本有四人，另有时金标（石锦彪）者，早看出马新贻不可共事，于是远走江湖，全身而退；有说马新贻不仅杀曹二虎，更将"山字营"八百人尽数坑杀，张汶祥乃侥幸得脱。但无论哪个版本，马新贻"渔色负友"因而被刺的主体情节都相类似。

这个故事中，两江总督马新贻显然是个衣冠禽兽的形象，而刺客张汶祥则被塑造成古代荆轲、聂政那样的侠客，有的版本还说他为了刺杀马新贻，隐居深山苦练绝技，三年练至一刀能洞穿五张牛皮，于是用毒药淬刀刃，下山复仇，在湖州觉海禅寺七宝池旁还，有一块二尺见方的糙石，据说便是张汶祥当年磨刀之石。

本是千古一惨案，却成戏说好题材

这些故事显然荒诞不经，具有典型的小说化艺术色彩，有剧作家编写成戏剧，先是江宁酒楼茶肆大唱《金陵杀马》评弹，后有上海租界丹桂园等戏班敷演成《刺马》新戏，轰动一时，其后又被平江不肖生（向恺然）写入武侠小说《江湖奇侠传》之中，更广为人知，不肖生还曾说他的有关刺马案的素材来自该案的主审郑敦谨的孙子口授，于是其情节还被许多人当成真实案情。

向恺然像

戏剧和小说等文学题材中，为了反衬张汶祥的高大，马新贻则不免被涂污为渔色负友的无耻小人。其实，马新贻是个精明强干，勤政务实的好官，在任浙江巡抚、两江总督期间，修筑海塘水利，奏减浮收钱漕，复兴各府书院、确立两淮盐法规制，做了不少利国利民的好事实事，但在当时的社会环境中，马新贻成了又一个传奇演义中的牺牲品。

与之相反，刺客张汶祥却成了侠客的化身。张汶祥被当场逮捕后，主审官员怕一不小心把钦命要犯刑毙了，那样无法交差，就不敢对他动刑，却把他年幼的子女和帮他抚养孩子的妻嫂抓了起来，当张汶祥的面对他们拷打，逼他就范，而张汶祥则闭目以对，任凭亲人被打得死去活来，他却坚决不吐口，逼急了就胡言乱语，随口说一两个朝廷大员的名字称为背后指使人，吓得主审官不敢记录在案，也不敢追问下去。

张汶祥这样的做法堪称有智有勇，这完全符合人们对侠义之士的想象。如平江不肖生就安排了张汶祥在"刺马"前与刑部尚书"郑青天"的一次奇遇："郑青天"某次借宿民居，面对美色诱惑而不动心，被"梁上君子"张汶祥窥视到，认定他是个好官。张被捕后，指名要"郑青天"来，才肯说出为友报仇，杀了"淫魔"马新贻的内幕。张说罢，却要求郑守秘，但被郑的外甥躲在屏风后偷听到了，外甥又告诉了平江不肖生，于是，一段悲壮的侠士传奇才得以流传。

张汶祥后来被千刀万剐而死，这种凌迟之刑残酷之至，更增添了民众对他的同情。而当时恰是19世纪末，中国社会上反清情绪高涨，一些革命党人提倡暗杀，张汶祥"刺马"案正适合某些人的需要，于是被各种组织和势力大力宣传，如章太炎《追论张汶祥》一文，认为"张汶祥敢于刺杀，其气魄比于泰山之高，其心迹比于霜雪之亮。"

"刺马"案还被编成唱本、戏剧、话剧等，与之后的"徐锡麟刺恩铭"、"汪精卫刺载沣"并称"三刺"，大受欢迎。张汶祥如荆轲般英勇慷慨的烈士形象就这样日益高大起来。

19世纪末20世纪初的野史及小说中，"张汶祥刺马"的内幕和秘密是一个被津津乐道的题材，除了前面提到的一些戏曲和平江不肖生的《江湖奇侠传》外，还有蔡东藩《清史演义》、徐珂《清稗类钞》及张相文《南园丛稿》等，另外，时人笔记、野史、小说、评书也有不同版本的流传，直至后世的电影和电视剧目。

1949年，王元龙、文逸民导演将"刺马"搬上银幕，取名《大侠复仇记》。1973年，大导演张彻拍了狄龙、姜大卫版《刺马》，该片的最大特色是没有将马新贻当作传统的反派来拍，而是突出刻画他身陷名利情欲的心理转变。一直半红不黑的狄龙，也以片中一身白衣的马新贻扮相，让万千影迷念念不忘，奠定了自己影坛大哥的地位。对于"刺马"这个题材，张彻一直钟爱，以至晚年又重拍一遍电视版，由电影版中主演张汶祥的姜大卫主演马新贻，在剧情上更加丰富和离奇。

另外，香港亚视台曾拍剧集《四大奇案》，共20集，"刺马"拍了4集；内地导演陈家林也拍过电视剧《刺马》；张彻弟子午马执导的警匪片《西环故事》，其实是《刺马》的现代版；张彻另一弟子吴宇森的《喋血街头》，故事人物亦受《刺马》影响。

陈可辛导演于2007年拍成上映的电影《投名状》原名也叫《刺马》，后来据称因马家后人抗议而改名。但故事主干不脱旧版影子，只是人物名字全改，并嫁接了《水浒传》的"投名状"一说，把草寇入伙、先杀个人涂污自己以表忠心的做法，变成兄弟结义的仪式，这一嫁接，是陈可辛的原创，但这一置换不免让兄弟结义变得狭隘与不义，且后面的二哥被杀、三弟复仇还能否获得观众的同情，实是大有疑问。

为民造福政绩多，死因成谜难分辨

马新贻被刺后数度昏迷，翌日下午便告伤重不治。这位出身于官宦世家，一生官运亨通，平步青云，被曾国藩认为是"近世官场中一个精明强干角色"的壮年总督突然离奇死去，为有清一代仅此一见之事，一时举国哗然。

马新贻死后，许多官员对马新贻被刺都深表哀痛和惋惜，纷纷奏请朝廷，要求严究主使，尽速惩办，并为他奏请恤典和建立专祠，同时对他的为人和仕途经历予以高度评价。继任浙江巡抚杨昌浚评价说："新贻在浙江巡抚任内，正值地方新复，加意抚绥，办理善后事宜，诸臻妥协，并将海塘工程督修完固，民赖以安"。朝廷对马新贻的评价谕曰："马新贻持躬清慎，办事公勤，由进士即用知县，历任繁剧。咸丰年间，随营剿贼，叠克坚城，自简任两江总督，于地方一切事宜，办理均臻妥协"。不难看出，马新贻勤政廉洁，遇事变通，深谋远虑，择贤任能，恪守儒家道德规范，善于学习外来先进的技术，积极推动洋务事业的发展，竭力维护清朝摇摇欲坠的统治，堪称同治中兴名臣。因此，《清史稿》对他有这样的评价："以循吏赞画军事，擢任大藩，治绩卓著"。

在东南之地，马新贻政绩甚多，时人有称"东南三大政，曰漕，曰盐，曰河"。漕运、盐政和河工是江、浙两省行政事务中的重中之重、核心所在，而马新贻就曾在这三方面都有建树。

咸丰年间，清廷内忧外患，统治遇到巨大危机。与军事活动相配合，清廷也着手推行政治攻势，大力施行收买人心的举动。其中最重要的举措就是减赋运动。减赋运动曾广泛开展于诸多省份，虽时间不尽相同，但主要集中于核定地丁漕粮、裁革部分浮收。

咸丰七年（1857年），湖北兴办减漕之后，户部即欲浙江照办，但遭反对，有人指出："浙江情形不同，尚需从轻。江浙州县痼疾太深，亦恐非目今长官所能钤制。"表示只有由铁腕人物出面，浙江减漕才有成功的希望，"非欲迟也，盖有待也"。

古图绘漕运码头

同治二年（1863年），福建道监察御史丁寿昌奏称，浙江应乘机减赋，并建议各州县按应征漕米旧额永减三分之一。到了六月初三日，清廷发布上谕，著闽浙总督左宗棠通饬杭嘉湖三属，"将实在征漕税则详细确查，各按重轻分成量减。"由于军事需要，左宗棠随即赴闽剿匪，减赋事宜由刚刚接任的巡抚马新贻承担。

同治四年三月，马新贻奏称："浙西三府为财赋之区，贼之蹂躏亦深，数年之间，穷乡僻壤，搜括无遗，昔之繁盛村落，今则一片荒郊。"他首先对当年三府应征缓征免征钱粮进行分别请示。闰五月，他又会同左宗棠陈奏浙漕应征分数，即按不足三分之一的比例，将浙江各属漕粮全部额减。清廷完全同意马新贻的意见，谕令立即将减漕之事"刊刻誊黄，遍行晓谕"，浙江减赋运动遂告一段落。

早在太平天国起义之前，浙江就有很严重的浮收问题。马新贻于减漕之外，又乘机主张裁减漕粮浮收。他所主持的浙江减定浮收章程，归纳起来可以分为三点：一，正额照常征解，唯杭嘉湖漕米额征数依谕旨酌减；二，一切陋规概行禁革，对浮收加以裁减，仅酌留平余为办公费；三，严禁大小户之分。这些规章均能与裁减浮收相辅而行，故都获得了良好的结果。四年九月，马新贻与藩司蒋益沣、粮道薛时雨等人，访查各州县征收漕南旧规，除酌留耗余以为办公之费，其余悉改新章，其中以裁革海运津贴所省最多。另外，漕南统征分解，米款向以征剩漕米归南，"多系疲玩，小户历来折钱完纳，今一并核减"，三府南米，共计减浮收钱247千余串。

经陶澍和陆建瀛先后推行票法，清代的两淮盐法改纲盐为票盐，盐制为之一变。自同治三年起，两江总督曾国藩整顿两淮盐法，聚多数散商为少数整商，票法为之一变；经后任者李鸿章之改行循环票法于淮南，票法制度再变。

同治七年九月，马新贻被任命为两江总督，兼管两淮盐政。自马新贻接手两淮盐政以来，他随即着手进行了一些调整。七年年末，他即因制盐场商疲乏，令运商预缴五成盐价。关于预付盐价一事，马新贻称，盐价本运贩应付之项，如垣商资本不充裕，多付一成之价，即可多收一成之盐，"实至公不刊之论"。每年湘鄂西岸及食盐各岸，尚可运三十四五万引，通泰二十场产数不过四十三四万引，产数之多于销数

李鸿章像

者，计只八九万引，合八折上下。如各场各垣皆有八折可销，则所占搁者仅止二成，"岂场商绝无资本，不应稍有余盐存堆耶"！究其原因，无非是可以抢售甲年之盐，而售及乙年之盐，以致苦难得售者，乙年犹未售甲年之盐，"不公不平，莫此为甚"。所以，非查计额产，派给重照不可。故须确查各场总盐数，分十二个月，按月划给。如遇畅销，则提给一月，如遇滞销，则缓给一月，此外不得有丝毫通融。唯本年入夏以来，场盐日跌一日，运商几以意外之赢，为固有之利，"一旦令归绳墨，遵章缴价，必不遂其私愿"。故唯有严定扣缴之法，使场商无可脱空才行。

马新贻不主张占搁商人的资本太多，鄂、湘、西、皖各岸，均应自领咨之月起，以半年为限，由总局确查花名引数，及领咨月分，凡已逾半年限期之商，即令照章预缴盐价3两。未到半年限期之商，谕令到限即缴，违者将引扣除。如此量予区别，可场、运两便。

同治八年正月，正阳督销局知府王治覃称，因商贩有谓公行不便者，遂令各归各行买卖，但由公行成交立票，委员监盘。公行为杜弊恤商而设，乃行之积久，商贩不以为便，应请即行停撤，"免为行户假托、商贩藉口"，故申请将正阳关公行裁撤，这一建议立即得到马新贻的批允。

这种寓票于纲的做法虽然有利，也必然会带来一些新的问题。同

晚清四大奇案之谜

治八年三月，两淮盐运司方濬颐称，鄂、湘、西、皖四岸，运商循环额引，经过曾国藩与李鸿章的改定，"意美法良，诚为至当"，乃办理未久，各商贩纷纷禀请更名，大都先系全本，继思分伙，亦有始用伙名请运，后复改归本商本名者。此种情形，更名之后，原足以昭核实，但其中亦有不知顾忌，以票牟利，旋买旋卖，更而又更，"致有循环之名，转失循环之实"。前经核议，必须实非卖票、情理可原者，准于开纲时取保更名，于册内注明，第二次环运不准复请更易。而且，当时李鸿章还特别强调，凡更名之商，只准于开纲一月之内上报备案，迟则一概不准。嗣后虽初定循环之时，各商贩或纠资合运，或合伙出名，其更名之事，均属情有可原。现在鄂岸已环运一次，湘岸、皖岸各已环运二次，西岸更是已环运三次，其中应行更改名商历数次环运，自必早经分析清楚，"乃各商仍请更名不已，难保无卖票顶替情事"。

考虑到环运章程，原欲"收散漫而归于齐整，由票法而渐复纲规"。似此每纲必更直以引票为射利之具，因而借票争控之案层见叠出，"转为商累"。现在鄂、西、皖三岸，业经先后禀请开纲，而赴局禀更存记之商已不下数十户。若不重申禁令，明定章程，将更而又更，伊于胡底！所以他向马新贻建议，要将更名之案永远停止。当然，各岸运商不皆尽在扬城，若遽令停止更名，似嫌太骤，应分别办理，以昭公允。故除鄂、西、皖三岸新纲环引已据各商呈请更名，由局查核详请外，其余各商如实有应更原委，仍请照旧限一月内呈明。至三岸下纲环引及湘岸戊辰春秋两纲，如有应更之商，请限两个月呈明核办。这一提议得到马新贻的批准。

取消验资之法后，旋因小逻堡堤工需款甚巨，盐商借机要求独断盐利之权。同治八年九月，据署海分司许宝书称，淮北票贩久营盐业，自同治三年曾国藩厘定新章后，"元气稍舒"。但利之所在，趋之若鹜，验资之法生，结果携资之人，"率皆外来之户，仅图卖号之利"，即如本年之验资，流弊极大，不特票贩借资认利，成本加增，新商得引之后，亦大多抬高引价，"卖号而不办盐，甚有携挟厚赀，专放重利，旬日获利

— 103 —

晚清四大奇案之谜

【第三部分】张汶祥刺杀马新贻案

数千两者"，此自然系利归中饱之现象。淮北盐商要求按实运花名册引数，将来年接运正额派分。为此，他们共同筹议，共同捐银30万两，以供小迤堡堤工之需。报效之银，分为两批交纳，先交现银一半，另一半则随课完缴。对于此次报效，"不敢仰邀奖励，惟恳将前奉批准循环转运章程恩赐，查照现运花名引数"，"准予递纲循环，免再按纲验赀"，希望清廷能予以永久特权，以后不再滥招新商。当然，如盐商有误运误课之事，则不在此列，仍可随时补充。

马新贻同意盐商的意见，并于九年二月上奏相关事宜："北鹾收效之捷，全在删除溢引"，盐无壅积之虞，商获转输之益。惟盐务向为利薮，销路一畅，盐商往往趋之若鹜。近年来每值开纲之进，苦于商多额少，不得不验明资本，减折派运。唯此中弊窦，颇难枚指，故自己上任之初，即与年曾国藩面商，停止验资之法，就旧纲花名，准其承运新纲，试办年余，商情称便。此次兴修运河堤工，各票贩踊跃输捐，尤著成效。故经过讨论，嗣后应责成原运各贩，"循环转运，以清弊源而垂久远"。

由于马新贻延续了曾国藩、李鸿章等人在两淮盐政改革上的思路，在淮北地区也实行"循环给运"，结果导致票盐名称虽存，实质上已是纲法的复旧，"大利尽归于商，而司鹾政者反不得操进退盈缩之权，有

清代盐运司

票者恃循环制度为恒业，藉票本问题为根据，以垄断两淮盐利，与纲商之窝本无异，变相复纲，仍蹈专商引岸之覆辙，票法精神消息殆尽至此，两淮方面的盐政制度已经基本定型，鲜有变化。有学者评论："自此以后，淮北亦继淮南而变相复纲，两淮票法精神于是完全破坏"。

在治理漕运、盐运之余，马新贻还积极投身河工。同治四年正月十五日元宵节，刚刚赴任浙江巡抚不久的马新贻，即上疏陈情"水利宜急兴修"，指出浙江海塘关系紧要，必须加大力度。随后，他于正月二十六日离开杭州，带领督办塘工之前臬司段光清、杭嘉湖道苏式敬等沿塘履勘。经调查得知，自李家汛至尖山，150余里的地段，石塘缺口不下百余处，大者二三百丈，小者亦数十丈，其中，以翁汛最为险要，"潮宽势猛，潮汐洗刷，片石无存，塘内沙土淤垫，民舍深埋"。若再不加紧堵筑，则更加不可收拾。由于经费有限，又缺乏石料，此段地区只能先筑柴坝。但这里土性松浮，虽加以柴坝木桩，只能堵浸润之水，不能遏冲激之浪。马新贻决定在省城设立海塘总局，饬委藩司蒋益沣、运使高卿培筹备工需，与苏式敬等人认真饬办：凡石塘之倒塌者，建筑柴坝以御急湍；塘脚漏水、桩木朽烂者，于塘外修筑柴埽以保护之；塘后附土低陷残缺者，亦即填实培厚以免坍卸。

整个工程于二月初四日开始动工，制定好相关章程并在翁家埠设立分局，由段光清、苏式敬驻工监督。虽然现在经费奇缺，亦"不敢因经费艰难，稍存漠视"，如实有不敷，"于藩关各库，酌量筹拨"。

马新贻还绘制了海塘缺口图上陈朝廷，得到支持后"每月巡视塘工，审官吏之勤惰，察工料之坚窳，栉风沐雨"，所到工地，并不通知属员，故人几不知。同治五年正月，马新贻奏称，修筑海塘的难度超出想象，经过自己的多次实地考察，"益知工程关系之重，雇夫储料之难，未能迅速集事之苦，实有不寒而栗者"。本来修筑经费已经不敷，加之太平军起事后，浙江各地人口稀少，所需之木柴砍伐无人，"虽经委员入山设法招募，现采现装，每月不过二十万石上下，实不敷用"，每致减工待料，抢筑未能应手。即如所需桩架，原来当地人烟稠密，所需之

晚清四大奇案之谜

【第三部分】张汶祥刺杀马新贻案

数百副，一呼即至，现在则只能弄到二十余副。总之，各种困苦情形，难以一一描述。但马新贻并未就此停步不前，他称自己自去年夏秋以来，"辗转于中，每至午夜彷徨，寝馈俱废"。为解决缺乏木材的难题，他决定派员赴严州山内购买山树，"调派兵勇前往砍伐，运济工用"，解了一时之危。

但柴坝毕竟是权宜之计，难以持久，故萦绕于马新贻心中的，仍然是想修筑石塘。海宁州之绕城石塘，坝坏已久，"贴近城垣数十步外即属巨浸，正当潮势顶冲，朝夕震撼"，较之他处更为险急。五年八月十九日，马新贻亲临该处，视察后认为修建难以再缓，决定先行在此处开工。九月初九日，马新贻在海宁州城内设立专办石塘分局。根据以往的经验，兴修海塘石工，以采购塘石为最难。而此处坍毁旧塘，除碎小之石多已陷入沙底外，其大块塘石未尽陷没，可以抵用。故马新贻决定雇集船夫，分头打捞，以节经费，如旧石实在不敷，再行设法采办。石塘、坦水、盘头、石堵各工，约需银 24 万余两，虽然较以前所需价格倍蓰，但"欲求工归实际，不能不按照时价确估购办"。整个工程于十月初六日开工，马新贻又再次到海宁州，率同在工各员，"恭祭潮神"。

就在马新贻上陈兴办海宁州石塘之际，他收到了朝廷寄来内阁侍读学士钟佩贤的奏折。钟佩贤称，海塘的修筑关系东南大局，"此项工程非用数年人力、数百万帑金不足以臻巩固，若为苟且补苴之计，岁费仍不下数十万两，而工之能否无虞，仍不敢必"。马新贻则乘机上奏称，柴坝与石塘相为依附，并与土塘互为表里。现在所兴办之石塘工程，即以柴坝作为后盾，层层保护，"未办石塘，柴坝固难延缓；既办石塘，柴坝亦难中止。"

同治六年正月，马新贻陪同新上任的闽浙总督吴棠巡阅海塘，逐段勘验工程。两人从仁和县李家埠起，沿海宁州尖山绕行至海盐，察看海塘 140 余里，"于潮汐来时亲立塘上，亲加察看"。自开工以来，浙江海塘已堵缺口两千二百余丈，计筑柴坝近三千丈，又完成埽工、埽坦等近五千丈。因为在水中作业，一日两潮，旧有的灌灰浆办法无法干透，

常有渗脱，他又让人用
严州所产之茑萝捣浸和
灰，参以米法，层层灌
砌，复于临水一面用桐
油、麻绒仿照舱船之法，
加工舱缝，"此现办石塘
较之历办章程，格外讲
求实在情形也"。

海宁石塘

马新贻又考虑到要在
浙江全境兴办石塘，需耗
资七八百万、费十余年时间不可，于是他决定于丝捐及盐货各厘局内，
每年拨银 80 万两，并佐以海塘捐输，专备塘工之需。马新贻还表示，
自己"惟当督饬在工各员，视如家事，各矢慎勤，成功不厌其精，求用
款务归于核实"。

同治六年十二月，海宁绕城石塘即将竣工，马新贻又奏请续开西防
石工，得到清廷的批准后，西防工程于同治七年正月十八日开工。

石塘的兴建是一方面，善后则是更重要的一方面。为此，马新贻
特奏陈中、西两塘已竣柴坝的善后章程，共有七方面内容，件件叙述详
细，切合实际，可见他对此问题的考虑是相当周详的。

此后，马新贻被任命为闽浙总督，后因并未上任即被提升为两江总
督，便赴江宁就任，在离浙交代相关事宜时，他奏称，海塘除西中两防
柴坝及海宁绕城石塘均已奏报完工外，截至四月止，东防柴坝未办者尚
有 900 余丈，西防埽工埽坦未办者亦有 900 余丈，中塘埽工埽坦未办者
1100 余丈，核计原估工段已办七成以上。均与原定计划相符，可见他
保质保量地完成了自己的任务，并且对以后的进度十分关心，企盼河工
早日更好地造福于民。

除了海塘，马新贻还注意加强对日常河道的维修。湖州之乌程、长
兴两县滨临太湖，凡泄水入湖之处大多淤塞不通，同治五年九月，马新

贻新临查勘，饬令湖州府除就地筹捐外，由省局拨费兴办。五年十一月，马新贻奏请勘办绍兴闸港疏浚淤沙。六年十一月，马新贻奏称，仁和县属艮山门至海宁州一带，河道称为运盐河，上接省垣，下达苏郡，从前河路通畅，商贾流通，聚为一大市镇。兵兴之后，大受打击。此段河长七八十里，分属于海宁与仁和，河被沙淤，几与岸平，农商均为不便。该处兴修虽然经费较巨，"然既于农田、民食、商贾均有裨益，自应设法开浚"。至河内所起沙土，即以南岸民地堆积，河成之后丈量占地若干，请免两年钱粮，两年后如可栽种桑麻木棉，再行奏闻。

绍兴府之东西江塘为山、会、萧三县保障，同治四年五月，冲决几及千丈，其余坍缺不一。马新贻举办亩捐并垫借钱十万串，工程于七年二月完竣。经逐段查勘，"尚无草率偷减等弊"。这些政绩皆可圈可点，体现其执政为民之心。

马新贻调任两江总督后，即于七年十二月奏称江南河工情形。他奏称，江南河务以修筑运堤为最要。自淮河改由运河出海后，岸堤不堪重负，加之裁撤南河后，东西两坝年久失修，再值夏秋之交，险工迭出。在赴任途中，自己即沿途履勘小罗堡等处，发现西堤水势甚大，难以施工，唯有先将东堤择要兴办，"总期于今冬明春水涸时赶先修筑完竣"。可见他这段时间仍然以河工水利为急务，保持了自己一贯的实干作风。

同治八年六月，运河东西两堤工竣，马新贻亲往验收，途中中暑，"咽喉肿痛，甚至饮食不进"。年底时他又乘冬季水涸，奏明由盐务筹捐，赶修小罗堡西堤工程。又安徽各属堤岸被水冲决，亦与安徽官员面商筹款兴修之法。九年三月，他亲赴小罗堡等处河工巡视。据奏称，他逐行上堤，"逐段锥试，尚属饱满"。

值得注意的是，马新贻虽然重视水利，却绝不在工程上好大喜功，从不做"形象工程"，更不做无用功。同治八年十一月，针对已经并无多少实际操作可能的修复运河通漕事宜，他明确指出，运河工程浩大，黄河泛滥，"人力难施"，建议不要动工。九年六月，针对翰林院编修蔡则云等人恢复淮河故道的建议，马新贻又奏称，欲挽淮归故，必先大浚黄河。但这样一来，非数百万金不能成功，当此国家多难、饷需支绌之际，势难筹此巨款。只能分别缓急，次第兴工，期以数年或有成效，"不求速效，但求实际；不求利多，但求患减；为得寸得尺之计，收循序渐进之功"，此折明确反对盲目乱上项目，将国家钱财用于实处，着力办理于国于民有实际用途的大事，实为可敬可佩。

上述事迹也可见马新贻是个有品德有才干的清官好官，他在江南办漕运，整盐运，积极兴修水利，并着手减轻农民负担，颇受百姓爱戴。为什么突然间却被杀于刺客张汶祥之手呢？张汶祥为什么要杀马新贻，张汶祥是私仇报复还是受人指使？他受审时信口编成的极富戏剧色彩的故事是真的吗？这些疑问，至今是谜。

群公章奏分明在，不及歌场独写真

马新贻虽是一位好官，但被刺杀后却因种种原因而为世人所诟病，这也许是因为普通百姓们对官员的好的感觉，远不如对事物的猎奇心理来得强烈，所以人们都喜欢相信戏剧化的故事，却对真实事情较少关注。于是前面讲到的那个马新贻因背信弃义夺友之妻而被友所杀的故事渐渐被人们接受，更巧合的是，马新贻死后不久，他的一个小妾在督署后院上吊自杀更成了这个故事的佐证，有人说这小妾便是曹妻郑氏。其实这种夫死妻妾自杀的情况在古代并不少见。马新贻是两江总督，封疆大吏，一品大员，肯定有不少妻妾，而且马新贻人聪明，又极具才干，此时刚49岁，一直是年轻有为，他的妻妾中应该有深爱他的人，为他

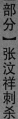

殉情固然壮烈，却也合情理，所以若无真凭实据，不能将殉情者说成曹二虎之妻郑氏。

但人言可畏，三人成虎，百口莫谤，持一种说法的人多了，不是真的事情，也容易让人当成真的。对此，曾巡抚安徽，做过马新贻顶头上司的乔松年也很无奈，他曾针对此案赋诗一首，内有"群公章奏分明在，不及歌场独写真"句，而安徽学政殷兆镛当年乡试所出考题更对此事暗含讥讽，真是"世间无奇不有"了。以致署理藩司孙衣言怒言道："马制台含冤未雪，复蒙重谤，天下不平之事，无过此案！"

从上面的故事中，人们不难发现，杀人的刺客成了被颂扬的人，而政绩颇佳的马新贻却被丑化，为什么会有这样的局面出现呢？若把这个案件放到政治斗争里面来看，也许情况就更清楚了。在历史上的，批臭搞臭对手一向是政治斗争的惯用伎俩，特别是获胜者惯用的伎俩。以当时的官府对社会舆论的把持程度来看，戏剧艺人岂敢公然臧否堂堂朝廷大员？乔松年和殷兆镛含沙射影也绝非一时兴起，况且尚在审理中的案件，其未公开的案犯供词又如何能流入社会上？这一切都显示"刺马案"背后有强大的势力在活动，幕后黑手的能量之大，实足骇人！

那么，"刺马案"背后有什么强大的势力呢？从案发后对张汶祥的审讯及案件侦破中，我们或能窥知其详。

"刺马"一案事奇绝，慈禧太后令严办

"刺马案"事发数日后，魁玉将军的飞章入奏清廷：两江总督马新

贻遇刺身亡。同治帝览后"实深骇异"，慈禧太后听后也惊问："这事岂不甚奇？"当时在场的曾国藩诚惶诚恐地回答："这事很奇。"李鸿章则若有所思说："谷山近事奇绝，亦向来所无。"

慈禧太后像

这说明，慈禧太后是很怀疑马新贻之死是有重大内幕的，清廷一开始就意识到此案的严重性，而曾国藩并不敢否认。

随魁玉将军的飞章入奏一起上奏的，应该还有马新贻临终前口述，由其子执笔写的《马新贻遗折》，其折曰：

同治九年七月二十七日

奏为微臣猝被重伤，命在顷刻，伏枕哀鸣，仰祈圣鉴事。

窃臣由道光二十七年进士，以知县即用，分发安徽。到省后迭任繁剧，至咸丰三年后，军书旁午。臣在营防剿，随同前漕督臣袁甲三等克复凤阳、庐州等城，驰驱军旅，几及十年。同治元年苦守蒙城，仰托国家威福转危为安。旋蒙文宗显皇帝及皇太后、皇上特达之知，洊擢至浙江巡抚，升授闽浙总督。同治七年六月，恭请陛见，跪聆圣训。出都后，行抵济宁即蒙恩命调任两江总督，九月到任。两江地大物博，庶政殷繁。江宁克复后，经前督臣曾国藩、前署督臣李鸿章实心整理，臣适承其后，谨守成规，而遇事变通，总以宣布皇仁休养生息为主，本年来旸雨幸尚调匀，民物渐臻丰阜。臣寸衷寅畏，倍矢小心，俭以养廉，勤以补拙，不敢稍逾尺寸，时时以才智短浅，不克胜任为惧。

五月间，天津民教滋事，迭奉谕旨，垂询各海口防守事宜，臣一

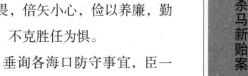

晚清四大奇案之谜

【第三部分】张汶祥刺杀马新贻案

闻外人要挟情形，愤懑之余继以焦急，自顾身膺疆寄，苟能分一分之忧，庶几尽一分之职。两月来，调派水陆各营并与江皖楚西各抚臣，及长江提臣密速妥商。所有公牍信函皆手自披答，虽至更深漏尽不敢假手书记。稍尽愚拙之分，弥懔缜密之箴。所有水陆布置事宜，甫于本月二十五日详折密陈在案。二十六日遵照奏定章程，于卯刻亲赴署右箭道校阅武牟月课，巳刻阅竣，由署内后院旁门回署。行之门口，突有不识姓名之人，以利刃刺臣右胁肋之下，深至数寸，受伤极重。当经随从武弁等将该犯拿获，发交府县严刑审讯。一面延医看视，伤痕正中要害，臣昏晕数次，心尚明白，自问万无生理。伏念臣身经行阵，叠遭危险，俱以坚忍固守，幸获保全，不意戎马余生，忽遭此变，祸生不测，名在垂危。此实由臣福薄灾生，不能再邀恩眷。而现当边陲未靖，外患环生，既不能运筹决策，为朝廷纾西顾之忧，又不能御侮折冲，为海内弭无形之祸，耿耿此心，死不瞑目。唯有伏愿我皇上敬奉皇太后懿训，益勤典学，时敕几康，培元气以恤疲氓，运远谟以消外衅。瞻恋阙廷，神魂飞越！

臣年甫五十，并无子嗣，以胞弟河南试用知县马新佑之子胞侄童生马毓桢为子。臣待尽余生，语多舛误，口授遗折，命嗣子马毓桢谨敬缮写，赍交江宁将军魁玉代为呈递。无任依恋，屏营之至。伏乞皇太后、皇上圣鉴。谨奏。

此折深深打动了慈禧和同治皇帝等人，决定严究真凶，还马新贻一个公道。29日，清廷连发四道谕旨。第一，命"魁玉督同司道各官赶紧严讯，务得确情，尽法惩办。"第二，"曾国藩著调补两江总督，未到任以前著魁玉暂行兼署。"第三，密旨安徽巡抚英翰加强长江防务和地方治安。第四，"著魁玉督饬司道各官，设法熬审，务将因何行刺缘由及有无主使之人一一审出，据实奏闻。"

上谕未到江宁，27日魁玉又急奏："拿获行刺之凶犯，始则一味混供，迨昼夜研鞫，据供系河南人，名张汶祥，直认行刺不讳，而讯其行刺之由，尚属支离狡诈"。

9月3日，清廷立即谕旨："情节重大，亟应严切根究"，"务将行刺缘由究出，不得含混奏结"。魁玉一日接到四道上谕，这才体会到个中滋味，仅仅告知"一味闪烁"、"语言颠倒"、"支离狡诈"既不能让朝廷满意，也不能屏止众口。果然，王公大臣纷纷议奏。给事中王书瑞奏道：督臣遇害，疆臣人人自危，其中有牵掣窒疑之处，应派亲信大臣彻底根究，勿使稍有隐饰。

5日，清廷再下谕令："惟以兼圻重臣，督署要地，竟有不法凶徒潜入署中，白昼行刺，断非该犯一人挟仇逞凶，已可概见。现在该犯尚无确供，亟须彻底根究。著张之万驰赴江宁，会同魁玉督饬司道各员，将该犯设法熬审，务将其中情节确切研讯，奏明办理，不得稍有含混。"

张之万急赴江宁，魁将军日夜审案

张之万，字子青，号銮坡，直隶南皮南街（今属河北）人，清代名臣张之洞兄。生于1811年，四岁开始读书，十八岁进学。道光十九年（1837年）丁酉科拨贡。十九年（1839年）以七品京官分刑部学习行走。二十年（1840年）中庚子科举人。道光二十七年（1847年）会试，以一甲一名状元及第，授翰林院修撰。二十九年（1849年）充任湖北省副考官。咸丰元年（1851年）充河南正考官。次年八月放河南学政。三年（1853年）林凤祥、杨开芳率太平军北伐，张之万奏请直隶、山东、陕西、安徽四省军队到河南镇压，并请派大员督办地方团练，亲自捐献军饷，致太平军北伐受阻。咸丰四年（1854年）太平军进攻直隶，大败讷尔经额于临沼关，连克交河、献县、沧州、青县、静海等地，前锋逼近天津。张之万献计，在静海设防。咸丰六年（1856 年）调张之万回京，充日讲起居注官，入上书房。八年（1859 年）教授钟、孚两郡王．读书，与恭、醇两亲王往来密切。九年（1859 年）补授翰林院侍读，充会试同考官。七月，英法联军进攻大沽口，张之万奉旨与军机大臣焦祐瀛、御史陈鸿翙督办团练。十一年（1861 年）七月，咸丰帝于承德病死。同治继位。怡亲王载垣，户部尚书肃顺等八大臣总摄朝政。张之万依附于慈禧和恭、醇二亲王之下，与李鸿章、醇亲王秘密筹划杀害肃顺等计划，张之万援引嘉庆朝杀和珅一案，力主之重典。结果，怡、郑二亲王赐死，肃顺斩首，其他五臣革职治罪。由此深得慈禧信任，升詹事府詹事，兼署工部左侍郎。不久，擢内阁学士，同治元年（1862 年）升礼部右侍郎，兼工部左侍郎。三月，张之万与许彭寿等编纂《治一平宝幸监》。书成，深得慈禧欢心和赏识，赏赉珍物甚多。

同治元年九月，御史刘毓楠奏劾河南洛阳知府任桂擅杀李书声，副将杨飞雄擅杀汝州鲁山县李詹事，朝廷命张之万按察。张之万至河南后，详勘有关人员，回朝实奏，河南官吏擅杀、罚银、浮收、苛派等情形。清廷降旨，巡抚郑元善、知县任桂、副将杨飞雄被降级、革职。张之万署河南巡抚。不久，先后数次上疏，力主变通折漕、改革地方税收办法，得清廷信任。时捻军张乐行击破涡河南北，义民大起。张请清帝调按察使张汝梅、道员袁保庆共署河南军务，擢张曜为总兵，改袁甲三旧部九百人，作为亲军。此时，张乐行率捻军进攻涡河。临漳、内黄农民纷纷响应。张之万遣总兵李世玉、杨玉春、余际昌率部镇压。牵制摇摆不定的团练苗沛霖。十二月，张之万在汝州督师，用强力拖住陈大喜的进攻，命总兵张曜、余际昌袭击捻军张凤舞部。张凤舞无援战败被杀。

光绪二年（1876 年），张之万实授河南巡抚。张曜击陈大喜部，难以取胜，被张之万革去总兵职务，总兵李世玉攻捻军不利，受到摘去顶戴处分，张之万遣余际昌、赵鸿举连营环堵，企图切断捻军西南联系。

张之万画山水图

奏调东三省军队协助，购置马匹、器械，充实骑兵。二月，陈大喜占据杨寨牵掣清军，张之万飞檄余际昌进攻土扶桥捻军；总兵陈禄兴、赵鸿举进攻张岗捻军。四月，苗沛霖反清。豫、皖震动，起义军于方寨设伏，全歼余际昌部，余亦阵亡。张之万再调张曜赴张岗，与团练大臣毛昶熙所遣清军，四面环击。激战累月，终将汝南捻军击败。

得胜后，张之万屯兵徐州，节制河南诸清军。八月，亳州起义军攻徐州，连破大庄、保全两寨，直取开封。开封知府汤聘珍和他的亲军守城，张曜急救，保住开封。张之万因指挥失利，被降二级留任。十月，捻军蓝大顺由山阳、商州向西坪进发，与张宗禹会合。西坪，是清军多隆阿大营转运重地，位置十分重要。清廷命张之万严防。张之万遣乡勇会同张曜进攻，败张宗禹于重阳店，乘机袭占西坪，蓝大顺败走。十二月，张之万督师洛州，镇压皖、楚捻军。

同治三年（1864 年），张之万以马队配合张曜部，先破白土岗，令总兵吴在升三面合围，留出南召一面，故意暴露弱点，诱张宗禹出战，由苏克金马队掩杀，计划一举歼灭捻军。因大雪，迟滞行动。张之万将宋庆由安徽调往河南，令王文行部攻黄梅寨，吴元炳、范文美、苏克金攻南召；额尔固善和宋庆扼踞石桥镇。张宗禹于北河口突破清军包围圈，进抵桥滩。张之万率各路清军追击，命宋庆截断捻军与太平军会合路线。张之万移师南阳，克汝南，杀捻军首领赵国良。同治四年（1865年）正月，捻军袭击开封，张之万率兵由襄阳驰援。三月，张宗禹率军击曹州，张之万令张曜会剿。四月，张之万被调署理河东（淮河以东）河道总督。五月，捻军在曹州高楼寨设伏，全歼僧军，击毙僧格林沁。张之万因"督剿"不利，贬去二品顶戴、革职留任。八月，新任河南巡抚吴昌寿领兵赴徐州，省城空虚，捻军进逼开封。

张之万派河防清军防守要寨，阻止义军过河得逞。九月，赏还二品顶戴，补授河道总督。同治五年（1866年）八月，调任漕运总督，因里下河（江苏江北运河以东通称）为江淮财赋要地，张之万调重兵设防，又调湘军洋枪队三千余人与清淮炮船相辅。十二月，东捻起义军突破六塘河，占领盐河两岸，准备与西捻会师。张之万檄总兵姚广武、张从龙配合水陆各军，攻打东捻义军。赖文光被俘，东捻军全军覆没。张之万因镇压捻军有"功"，赏头品顶戴花翎。同治七年（1868年）闰四月，张之万赴台儿庄镇压西捻，八月，西捻军遇伏失败。九年（1870年）张之万调江苏巡抚，九月补授闽浙总督。

张之万可以说是慈禧嫡系人物，状元出身，又累积战功，可谓文武双全，又因出身于北方大族，与盘踞在江南的湘军势力关系不大，所以慈禧调他审理刺马一案，兼管两江事宜。

两江总督竟在督署重地被刺身亡，实在是对风雨飘摇的清王朝的一次冲击。从一开始，清廷就意识到刺马案的严重性，认为其幕后或有不为人知的秘密，所以怀疑该案非张汶祥一人所为，因此口气越来越严厉，连下谕旨，督促查办。18日，清廷又下谕旨："张汶祥行刺督臣一案，断非该犯一人逞忿行凶，必应彻底研鞫，严究主使，尽法惩办。现审情形若何？魁玉此次折内并未提及。前已明降谕旨，令张之万驰赴江宁会同审办。即著该漕督迅速赴审，弗稍迟延。魁玉亦当督饬司道等官，详细审讯，务得确供，不得以等候张之万为辞，稍形松懈，此事案情重大，断不准存化大为小之心，希图草率了事也。"

清廷明确提出"严究主使"，从而抓住了本案的症结。对魁玉审案似乎不耐烦了，字里行间充满了斥责，态度更加严厉。24日，魁玉带着几分无奈、委屈和惶恐再次奏陈：伏思前督臣马新贻被刺一案，案情重大，张汶祥刁狡异常，奴才督饬司道昼夜研审。张汶祥自知罪大恶极，必遭极刑，所供各情一味支离。讯其行刺缘由，则坚称既已拼命做事，甘受碎剐。如果用刑过久，又恐凶犯仓瘁致命。不过，魁玉多少还是向朝廷报告一些进展，已审出张汶祥是"漏网发逆头目"，曾在太平军侍王李世贤名下领兵打仗，进攻漳州，转战安徽、江西、广东、福建、浙江等地。张汶祥的女儿张宝珍，儿子张长幅，同居之舅嫂罗王氏已被拿获，现在山西巡抚处，要求押解张汶祥所供时金彪归案对质。唯

张之万图画

有此案的核心即行刺缘由仍无确供。

　　魁玉审理刺马案数日，并未用刑，这样审了月余，每次奏报几乎不离"一味闪烁"、"语言颠倒"、"一味支离"等语。他这样写，又不得不让人怀疑那张汶祥"闪烁"的是什么？"支离"的又是什么呢？魁玉没有奏报。说穿了，恐怕不仅仅是张汶祥在支离，魁玉、梅启照这些承审大员也在支离吧！例如张汶祥关于马新贻通"回匪"的供词，虽然是无稽之谈，但魁玉并未奏报。

　　陈功懋在《张汶祥刺马新贻案真相》一文中说，他的祖父陈镜题，曾参与会审张汶祥的录供研讯。据陈镜题回忆，当张汶祥供马新贻于咸丰七年庐州失守后，曾被其俘获，因不知马是庐州知府，把马与时金彪一起释放。这时，主审的"问官相视错愕，录供者亦停笔不敢直书。""张之万到江宁时，时金彪早从山西押解到。张之万、魁玉提讯时金彪时，只有藩臬参与审讯，连审两次均未录供"。马新贻庐州被俘至今未见到经得起推敲的证据，但有一点可能是真实的，即后来人们所看到的供词是经过删改的，或者说有些供词录供者没有秉笔直书。这就难免物议纷纷、流言四起，给后人留下了无数不解之谜。

张之万拖延办案，张汶祥任意污蔑

　　一个月之后的 9 月 25 日，张之万收到吏部咨文、赴江宁与魁玉会审此案。五日后，他从清江浦沿运河南下。10 月 7 日，张之万抵达江宁。第二天，张之万传见参与会审的司道府县各员，了解整个审讯情况，争取各官员对审讯此案的意见。又调江宁知府觚德模等加入审讯。接着提审张汶祥，连审数日。

审讯时，由于案犯张汶祥供词闪烁，主审大员奏案含糊，此案一拖半年之久不能结案，于是各种传闻蜂起，使此案更加扑朔迷离。

马新贻生前的亲信、参与会审的孙衣言、袁保庆对此十分不满，要求严刑讯究。张之万不软不硬地说："案情重大，不便徒事刑求。偿未正典刑而瘐死，谁负其咎？"

张之万可谓老奸巨猾，经过一段时间的思考，他清楚地认识到这个案子不管怎样审，怎样结，都是两头不落人。审不出主使人，马家不愿意，朝廷更不满意。审出主使人，不是得罪的人更多吗？而且如果真审出什么来，危及到这些人，他们很可能把自己杀掉，那样岂不更悲？于是他就采取拖延战术，审讯时也是过过形式，一心等待调补两江总督的曾国藩的到来。

但清廷对此事很是用心，一直催促，10月12日，无法再拖的张之万送出第一道奏章："该犯张汶祥自知身罹重解，凶狡异常，连讯数日，坚不吐实，刑讯则甘求速死，熬审则无一言。既其子女罗跪于前，受刑于侧，亦复闭目不视，且时复有矫强不逊之词，任意污蔑之语，尤堪令人发指。臣又添派道府大员，并遴选长于听断之牧令，昼夜熬审，务期究出真情，以成信谳。"同时与魁玉联衔报告，质讯中军副将喻吉三，以及武巡捕候补都司叶化龙等，追究防护失职之责。"

由于张之万、魁玉拖延太久，12月9日上谕严加训斥："现已五旬之久，尚未据将审出实情具奏，此案关系重大，岂可日久稽延！"张之万、魁玉的拖延政策，也遭到朝野抨击。给事中刘秉厚奏劾："派审之员以数月之久，尚无端绪，遂藉该犯游供，含混拟结。"案子拖延不结，招致更多传闻物议，于是朝廷震怒，12月9日、12日、18日连下三道谕旨。张之万、魁玉成了众矢之的。

12月12日，张之万、魁玉抛出精心炮制的"审明谋杀主使匪犯，情节较重，请比照大逆向拟，并将在案人犯分别定拟罪名折。"他们联

张之万绘扇面图

合奏道："凶犯张汶祥曾从发捻，复通海盗，因马新贻前在浙抚任内，剿办南田海盗，戮伊伙党甚多。又因伊妻罗氏为吴炳燮诱逃，曾于马新贻阅边至宁波时，拦舆呈控，未准审理，该犯心怀愤恨。适在逃海盗龙启沄等复指使张汶祥为同伙报仇，即为己泄恨，张汶祥被激允许……本年七月二十六日，随从混进督署，突出行凶，再三质讯，矢口不移其供，无另有主使各情，尚属可信。"

张之万、魁玉的奏结看来还算顺理成章，但最后露出了破绽。人命关天的法律文书，行文时竟用"尚属可信"四字，显然对案情的真实情况并无把握。朝廷看后极为不满，发上谕尖锐地指出，"马新贻以总督重臣，突遭此变，案情重大。张汶祥供挟恨各节，及龙启沄等指使情事，恐尚有不实不尽，若遽照魁玉等所拟，即正典刑，不足以成信谳。"

于是朝廷接着谕令曾国藩速回江宁，再派刑部尚书郑敦谨作为钦差大臣携随员赴江宁复审。这样一来，不仅主审大员撤换，就连司员也全部更换，这既显示出朝廷处理此案的决心，也反映出对之前审案人员的不满和失望，这说明，朝廷是想真审出些什么来的。

曾国藩泥潭脱身，回江宁不断拖延

曾国藩，初名子城，字伯涵，号涤生，谥文正，汉族，1811年11月26日出生于湖南长沙府湘乡县杨树坪（现属湖南省娄底市双峰县荷叶镇）。清朝战略家、理学家、政治家、散文"湘乡派"创立人，湘军的创立者和统帅，晚清"中兴四大名臣"之一，也是中国历史上最有影响的人物之一。他的人生智慧和思想，深深地影响了几代中国人，以至他虽已去世一百余年，提起曾国藩，人们仍然津津乐道。有的评论者说：如果以人物断代的话，曾国藩是中国古代历史上的最后一人，近代历史上的第一人。这句话从某一角度，概括了曾国藩的个人作用和影响。

曾国藩出生于晚清一个地主家庭，自幼勤奋好学，六岁入塾读书。八岁能读八股文、诵五经，十四岁能读《周礼》《史记》文选，同年参加长沙的童子试，成绩列为优等。父麟书，有田产，不事耕种，醉心功名，然童试十七次皆不第，父设馆授徒。曾国藩幼从父学。道光十三年（1833年）入县学为秀才。翌年就读于长沙岳麓书院，同年中举人。此后赴京会试，一再落榜。十八年，始中第三十八名贡士，旋赴殿试，中三甲第四十二名，赐同进士出身。朝考选翰林院庶吉士。自此供职京师，结交穆彰阿、倭仁及唐鉴等。二十七年任四川乡试正考官，二十八年升侍读，后年升侍讲学士。二十七年授内阁学士，兼礼部侍郎衔。

曾国藩像

二十九年任礼部右侍郎，旋兼兵部右侍郎。三十年兼署工部右侍郎。咸丰二年（1852年）兼署吏部左侍郎。后丁忧在湘乡老家，此时奉诏以礼部侍郎身份帮同湖南巡抚督办团练，创建湘军。最后升至总督，官居一品。

曾国藩一生奉行为政以"耐烦"为第一要义，主张凡事要勤俭廉劳，不可为官自傲。他修身律己，以德求官，礼治为先，以忠谋政，在官场上获得了巨大的成功。曾国藩的崛起，对清王朝的政治、军事、文化、经济等方面都产生了深远的影响。在曾国藩的倡议下，建造了中国第一艘轮船，建立了第一所兵工学堂，印刷翻译了第一批西方书籍，安排了第一批赴美留学生，因此也可以说曾国藩是中国现代化建设的开拓者。

刺马案发生时的曾国藩其实也不好过，他正在审理事关中外关系的"天津教案"，此事处理起来比刺马案还要复杂，既要能平息国内之怒，顾及朝廷的脸面，还要满足外国列强的要求，一番折腾下来，他已是焦头烂额，烦躁不已。

天津教案与刺马案同是发生于同治九年（1870年），这是一场震惊中外的教案。天津民众攻击法国教会机构而造成数十人被杀；事后清政府委派曾国藩处理此事，他的对外妥协处理方式引起很大争议。

天津教案的起因是，在同治九年四五月间，天津发生多起儿童失踪绑架的事件。6月初，天气炎热，疫病流行，育婴堂中有三四十名孤儿患病而死，每天有数百人到坟地围观，挖出孩子的尸体查看。于是民间开始传言怀疑外国修女以育婴堂为幌子，实则绑架杀死孩童作为药材之用。

晚清四大奇案之谜

　　6月20日，一名叫武兰珍的匪徒被居民扭送官府，他的口供中又牵连到教民王三及望海楼天主堂，说得罪责甚重。于是民情激愤，士绅集会，书院停课，反洋教情绪高涨。6月21日清晨，天津知县刘杰带人犯武兰珍去教堂对质，发现该堂并无王三其人，也没有武兰珍所供的席棚栅栏，"遍传堂中之人，该犯并不认识，无从指证"。

　　教堂的谢福音神父与三口通商大臣崇厚协商育婴堂善后处理办法。但当时已经有数千群众包围了教堂，教堂人员与围观的人群口角起来，引起抛砖互殴。

　　法国驻天津领事丰大业要求崇厚派兵镇压，没有得到满意的结果，于是他在前往教堂的路上与知县刘杰相理论，怒而开枪，打伤了知县的远房侄子刘七，这无疑点燃了中国人民的怒火，天津民众于激愤之下先杀死了丰大业及其秘书西门，之后又杀死了10名修女、2名神父、另外2名法国领事馆人员、2名法国侨民、3名俄国侨民和30多名中国信徒，之后的破坏行动持续了3小时，焚毁了望海楼天主堂、仁慈堂、位于教堂旁边的法国领事馆，以及当地英美传教士开办的其他4座基督教堂。

　　6月24日，以法国为首的外国军舰来到天津，七国公使向清廷总理衙门抗议。法国方面最初要求处死中国负责的官员，清朝方面派出直隶总督曾国藩来调查并与法国方面交涉，当时朝廷中的官员多数认为不要对其退让，不惜一战，中外情势紧张。曾国藩考量当时局势，不愿与法国开战，首先对英国、美国、俄国作出赔偿以使最后能单独与法国交涉。

　　曾国藩于这年六月初十日到天津，立即发布《谕天津士民》，对天津人民多方指责。随后经他调查之后，确认育婴堂并无诱拐伤害孩童之事，于是在法国的要求下，商议决定最后处死为首杀人的18人（马宏亮、崔福生、冯瘸子等，行刑之日是10月19日），充军流放25人，并将天津知府张光藻、知县刘杰革职，并将他们充军发配到黑龙江，又赔偿外国人的损失46万两银，并由崇厚出使法国道歉。曾国藩的学生李鸿章也认为"冀终归于一命一抵了案"。

法国方面因随后发生了普法战争，无心关注东方事务，因此接受了这个条件，崇厚于十月搭船远赴法国去道歉，抵达时普法战争正酣，法国政府无暇接待。直到一年后的 1871 年 11 月 23 日，才得到法兰西第三共和国首任总统梯也尔接见。崇厚把同治帝的道歉书呈递，并希望法国对中方惩凶与赔款感到满意，梯也尔览书毕回答道："法国所要的，并非（中国人的）头颅，而是秩序的维持与条约的信守。"如此举动，真不知身为中国人的崇厚当时情何以堪。

曾国藩这样一个交涉结果，让大清朝廷和民众舆论均极为不满，"诟詈之声大作，卖国贼之徽号竟加于国藩。京师湖南同乡尤引为乡人之大耻"，使曾国藩的声誉大受影响。

曾国藩审理天津教案时，清廷看曾国藩处理不力，便又招江苏巡抚丁日昌前来一同审理。8 月 21 日，马新贻遇刺的前一天，丁日昌自江苏急匆匆地赶到天津，直奔曾国藩所在的直隶督署，与其密谈良久。22 日上午，曾国藩回拜丁日昌，正是此时此刻，远在江宁的马新贻被张汶祥刺伤。23 日下午，曾国藩午睡，"心不能静"。此刻马新贻在江宁撒手人寰。随后，丁日昌与曾国藩日日密谈，夜夜磋商，也不知道他二人是在谈天津教案，还是其他。

30 日上午，曾国藩接到上谕，调他再任两江总督。曾国藩为之愕然，急召幕府和丁日昌、毛昶熙密商，二人都觉此次让他回任两江，把他从天津教案的泥潭中拉出来，应该说是一件好事。

曾国藩在处理天津教案中，一直受到中外抨击，列强嫌他惩处不力，国人骂他"残民媚外"，他自己也说："数日来查讯津案，办理既多棘手，措施未尽合宜，内疚神明，外惭清议。"但是曾国藩又想了想刺马案，觉得此事亦不好办，弄不好的话，事情甚至比天津教案还要复杂，于是他于 9 月 2 日上了一道"谢调任江督恩因病请开缺折"，固辞两江总督，奏章中说：自本年三月以来，衰病日甚，目病已深，恳请另简贤能，畀以两江重任，俟津事奏结，再请开大学士缺。

但朝廷也很会给曾国藩这位"中兴名臣"戴高帽子，三日后便又下旨："两江事务殷繁，职任綦重，曾国藩老成宿望，前在江南多年，情形熟悉，措置咸宜，现虽目疾未痊，但得该督坐镇其间，诸事自可就理，该督所请另简贤能之处，著毋庸再议。"上谕说的再明白不过了：请病假不准，你有病也必须去。

天津教案发生地，望海楼天主教堂

10月20日这天，慈禧太后还在养心殿东暖阁召见了曾国藩，命他速赴江宁。此时，先期已回苏州的丁日昌有点沉不住气了，也奏请饬曾国藩迅速赴两江任。

丁惠衡致死人命，丁日昌无辜被疑

丁日昌字禹生，又作雨生，号持静。广东丰顺县汤坑圩金屋围客家人。清朝洋务运动主要人物之一，军事家，政治家。生于1823年，20岁中秀才，但之后屡次考试不中，巧的是惠潮嘉道李璋煜见到他文章后，被其奇文深深震撼，称赞为"不世之才"，聘为幕僚。

咸丰四年（1854年），广东天地会起义军进攻嘉应（今梅县），丁日昌为李璋煜献计，以坚壁清野的办法对付起义军。事后论功授琼州学

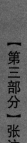

训导，三年后迁任江西万安知县。1861 年调任卢陵知县，正赶上太平军进攻卢陵，县城失守，被清廷革职。当时曾国藩正率湘军在安徽作战，丁日昌转投其幕中，为其襄办军务，帮助筹办水师。在出任福州船政期间提出创建北洋、东洋、南洋三支水师并分区设防的主张；还提出革新船政，延聘外国人员教习技术。

同治元年（1862 年）奉曾国藩之命，前往广东督办厘金。丁日昌在抵达广州后，发挥自己通晓火器制造的专长，在广州市郊燕塘亲自设计监制成功短炸炮 36 尊，炮弹 2000 余颗。这些武器受到广东清军的欢迎，丁日昌因此声名远播，1863 年，被李鸿章调赴上海，创设炸炮局，制造 18 磅、48 磅等多种开花炮弹，同时也铸造少量短炸炮，供淮军攻击太平军之用，在进攻常州作战中发挥了相当的威力。

在这个过程中，丁日昌的思想发生了两个重要的变化。一是认为"太平军已不足平"，真正对清朝构成威胁的是外国侵略者。1864 年 8 月，他上书李鸿章，指出现在中外交通，洋人乘我多事之秋，不时恫吓挟制，令人忧愤难忍，必须积极自强以图御侮。他认为外国的长技在于船坚炮利，洋人恃此以挟制中国，我们也可以取其所长以对付洋人。丁日昌思想的另一个重要变化就是他从自己的亲身体验中认识到，中国传统的生产工艺和手段无法适应近代枪炮制造的需要。旧式泥炉炼不出能够制造近代枪炮的钢铁，用泥模铸炮也很难使炮膛光滑均衡。因此，丁日昌产生了改革生产工艺和手段的强烈愿望。他在上海与洋人频繁接触，已对西人的机器工厂有所了解。王韬所著《火器说略》，更使他对近代枪炮的制造原理、生产工艺，特别是车床等生产工具有了更深的理解。他写信向李鸿章推荐王韬，同时建议设立"夹板火轮船厂"，用机器生产近代轮船和枪炮。恰在这时，容闳提出了要在中国发展"制器之器"的主张，丁日昌立即深表赞同，说：制造之理是一脉相通的，"一有制器之器，即可由一器而生众器，如父之生子，子之生孙"。

这种从手工生产进而追求机器生产的观念是中国近代史上一个重要的观念变革。这一观念变革对中国 19 世纪 60 年代洋务自强运动的兴起具有十分重要的意义。丁日昌以这种新的认识和观念为基础，在上海积极筹划，主持收买了美国人设在虹口的旗记铁厂，合并原来的炸炮局，后又接纳容闳从美国购回的机器，于1865年9月正式成立了江南制造局。江南制造局是清政府设立的第一家近代军工企业，它标志着中国近代军事工业的产生。

后来丁日昌以苏松太道的身份出任江南制造局的第一任督办，为该局拟订了经营大纲。他提出要留外国技术人员为教习，培训华人技艺，力争自主，不受洋人控制。鉴于局中原有设备以造船机器为多，他让局员详考图说，"就厂中洋器，以母生子，触类旁通"，制成大小机器30余台，用以制造枪炮。据曾国藩后来奏报，其所造枪炮"皆与外洋所造者足相匹敌"。后来，他又设法扩展该局的生产能力，由生产枪炮进而制造轮船。至1868年8月，江南制造局所造的"恬吉"号轮船下水，上海全市为之轰动，"军民无不欣喜"，欢庆我国第一艘明轮蒸汽舰试航成功。"恬吉"号长185尺，宽27.2尺，马力392匹，排水量600吨，装炮9门，与日本横须贺造船厂同期所造的"清辉"号相比既快又好。"恬吉"号的制造成功，说明中国近代军事工业取得了可喜的成就，这其中确有丁日昌所付出的心血。

1865年9月，丁日昌转任两淮盐运使。1867年初，升任江苏布政使。虽然布政使的本职只限于处理地方财政和行政，但他心系国防安危，对海防建设十分关心。他上书曾国藩，明确提出自己建设新式海防的主张，希望曾国藩能够上奏朝廷。在他看来，中国的海防自明朝以来就是"以炮台为经，以师船为纬"，这种设防办法根本不能适应近代海防的要求。因为洋人游弋海上，可以集中兵力，攻取中国沿海任何地方，若中国处处设防，则防不胜防，正犯兵家备多力分之忌，以致常常被动挨打。丁日昌认为要想改变这种局面，只有创建近代海军以取得制海权。有了制海权，能够控制住一定的近海海域，就可以扩大防御纵深，海防才有保障。要想取得制海权，必须在清朝旧有水师之外，创设全新的近代海军。因为西方海军已经装备了蒸汽动力舰、铁甲舰的情况

下，清朝旧式帆船水师实际上已完全无力进行近代海战。丁日昌在19世纪60年代就有这种认识，说明他是很有远见的。在他之前，左宗棠等人也曾主张制造轮船装备外海水师，但并没有明确地提出建立海军的主张和计划。

丁日昌的海军建设具体计划是分设北洋、东洋、南洋三支水师。北洋水师设提督于津沽，兼顾辽东、山东沿海各要口；东洋水师设提督于吴淞，守江苏、浙江沿海各口，南洋水师设提督于厦门，防守福建、广东各海口。三支水师各设中等炮艇若干艘，半年会哨演习一次，以使"三洋联为一气"。这个计划是一个统筹全局的海防战略构想。有了三洋水师，就能分别对京师政治中心，江南经济中心和祖国的南大门加以屏障和保护。

1868年初，丁日昌升任江苏巡抚。随着职位的提高，他更加感到自己对于国防建设的责任重大。他重新拟订了三洋水师章程六条，使自己建立新式海军的计划变得更加具体。他明确提出要废弃沿海旧有水师，移饷训练新式海军。除了中等炮艇外，又进一步提出三洋水师应各设铁甲舰6艘。这时，他还强调近代海军的建设应与沿海炮台、岸防部队的建设同步发展。他建议三洋海军舰队各练陆兵千人，半年在岸，半年在海，沿海各镇亦练精兵500人，形成"山有虎"、"水有龙"，水陆相连之势。对于海口炮台建设，丁日昌也主张变更过去的办法，以炮台和水雷为中心建设新式海口要塞，使水师舰船在作战时能够和海口炮台"相为表里，奇正互用"。这表明他的海防建设思想又有了新的发展。

1869年，丁日昌开始对江苏绿营进行整顿。他上奏朝廷，将江苏抚标绿营1600余名减为1000名，成立"练军"两营。招募精壮营勇作为练军士兵，提高他们的饷额，使他们能够安心操练。这支练军全部改用洋枪洋炮，学习淮军洋操。丁日昌组织有关人员将洋人教练淮军的办法翻译成中文，绘图注释，编成图书作为江苏练军练习洋操的依据。在晚清各省练军中，江苏练军是最早装备洋枪洋炮、实行西式操练的。后来江西等省练军的洋操办法就是从江苏练军学来的。用近代枪炮和洋操

来改造清朝的经制部
队，这在中国近代军
制发展史上是占有一
定的地位的，它为清
末新军的全面改革开
辟了道路。

丁日昌故居

　　丁日昌称得上是
中国近代史上的军事
理论家和实干者，但
因生不逢时，在那个社会动荡、内忧外患的时代，他的先进国防与强
军思想并未起到很大作用。1882 年 2 月 27 日，丁日昌病死在广东揭
阳。临终前，他回顾自己多少年的努力，却并没有使中国在军事上强
大起来，外患愈来愈亟，不禁悲怆之至。他口授遗折，长叹自己"死
有余憾"。

　　丁日昌不仅军事思想先进，为官也有好口碑于民间，有一部名叫
《丁日昌》的潮剧，展现的就是丁日昌抗击西方侵略、廉政为民的故事。

　　丁日昌的资历和思想也说明他是个品德良好且极具才干的好官，那
么为什么这个时候最着急的是却是时任江苏巡抚的丁日昌呢？难道他还
与刺马案有较大的关系？其实并非这样，只是因为时论的发展对丁极为
不利。

　　也不知是张汶祥受审时胡诌，还是有人有意栽赃于他，欲除之而后
快，此时有社会舆论说马新贻被刺，是因为督抚不和。于是他每时每刻
都在关注并传递着江宁案审的消息。

　　这种舆论在朝廷上下也是沸沸扬扬，太常寺少卿王家壁直指马新贻
被刺与丁日昌有关，他两次上奏说："江苏巡抚丁日昌之子被案，应归
马新贻查办，请托不行，致有此变。其子未知曾否到案，仍时往来该抚
任所，臣所闻之言止此。闻此言者非臣一人，臣所闻者亦非一人之言，
其言时皆相顾叹息，及向根询，则皆畏累不敢尽言。臣思陕西僻在西隅

丁日昌像

已有所闻，江南必有确实公论，属吏或难兼采，京师相距较近，亦必有所传闻。"此其尤著者，丁日昌本系矫饰倾险小人，江南大小官员甚多，此事不疑他人，而独指该抚之子，难保尽出无因。或其子妄为而该抚不知，抑或与知而乘其驰赴天津，可以使人不疑，均难悬揣。"

这里所说的丁日昌之子案，发生在1869年10月5日，当日有太湖水师勇丁徐有得、刘步标陪同哨官王有明到苏州看病。当夜二更时，徐、刘二人闲游妓馆，正遇丁日昌之子丁惠衡，侄丁继祖等与家丁等同游妓馆，双方相遇言语不和，都以为自己方面势力大，就发生了争执。这时恰逢游击薛荫榜带亲兵胡家岳、丁玉林等人巡夜，这些人本来就向着丁家，又有丁家族人在内，于是一拥而上，将徐有得打了40军棍，棍棍凶狠，徐有得不服，结果又遭重责，四天后徐有得因伤死亡。

丁日昌作为一省巡抚，看到子侄闲游妓馆滋事，致勇丁被责丧命，造成一大冤案，不得不上奏朝廷自请议处。慈禧上谕命马新贻审理此案，之后丁日昌之侄丁继祖投案，而其子丁惠衡传唤未到。据丁日昌说，其子丁惠衡夜里越墙逃匿，不知去向。于是此案因丁惠衡拒不到案，一直拖到1870年7月6日才结案。此案结案后40多天，马新贻被刺之时，丁惠衡仍未归案，尚在悬捕之列。故有太常寺少卿王家璧之奏。

丁日昌眼看大火要烧到自己身上，如坐针毡，朝廷的奏议有如给他火上浇油，他无比希望曾国藩回来主持江宁刺马案的审理，曾国藩毕竟曾是自己的东家，许多问题自会由他摆平，便接连报告和催促他前来江宁。

曾国藩挽联致哀，郑敦谨急赴江宁

可是曾国藩自有他的打算，两江之地算是曾国藩的老巢，他当年在那里带出一支大清朝战斗力最强的部队——湘军集团，为清朝扫荡了太平天国，但朝廷总是怕他利用湘军搞军事政变，那样的话，谁也不能阻止他成事的，所以朝廷才将曾国藩调到北京，让他脱离军队，给他以虚职，并解散了他的军队，这说明朝廷对他是很不放心的，现在说让他回去，是不是真的想让他回去呢，他要是回去，就如蛟龙入海，虎入山林，清廷会不会担心这个呢？他得试探一下，于是他仍然坐在北京不动。

曾国藩磨磨蹭蹭，就是不启程，似乎对回任两江毫无兴趣，其实他一直密切关注江宁的事态发展。江宁将军魁玉，他的门生布政使梅启照、候补道孙衣言等给他频频来函。10月5日他给魁玉去信询问："刻下廷旨已饬张子青漕帅驰赴金陵，妥为讯办，未知渐有端倪否？"他非常关心那个背后主使审出来没有，而丁日昌每时每刻都在传递着江宁案审的消息。

曾国藩久久不走，这一来慈禧太后不耐烦了，于11月1日再次召见曾国藩，见面就问："尔几时启程赴江南？"

11月7日，曾国藩终于抬起脚，踏上南下的旅途。12月6日，当他还在旅途尽情享受运河两岸风光、沿途美景的时候，上谕已免去丁

日昌江苏巡抚之职，调补张之万任江苏巡抚，张兆栋升授漕运总督。12日，曾国藩抵达江宁，他自京抵宁用了36天。14日开始接印视事。从清廷调他任两江总督，到他正式上任，历时3个多月。

第二天上午，原主审官张之万就赶紧向曾国藩交接案件，交完之后的下午，他就匆匆跑回清江浦呆着去了。之后他基本未再过问此事，一年之后，他上奏辞官回籍养亲，不知与此案是否有关系。到了光绪八年（1882）正月，此事已经过去了12年，他又被复召入见，授兵部尚书，赐紫禁城骑马。九年，调补刑部尚书。十年，三月，奉旨入军机处学习行走，兼署吏部尚书，协助慈禧向各省索款，筹建颐和园事宜。九月，充上书房总师傅。十一年十一月，任刑部尚书，协办大学士。十二年二月，赏穿黄马褂。十月，充会典馆正总裁。十五年补授大学士，管理户部。光绪大婚，加太子太保衔，授体仁阁大学士。十八年，授东阁大学士。二十年，以总办慈禧六旬万寿庆典，赏双眼花翎赐用紫缰。二十二年，年老致仕，赏食全俸。二十三年，五月十五日卒，年八十七岁，清廷照大学士例赐恤，赠太保。谥"文达"，入祀贤良祠。

再说此案，张之万将案卷及记录等移交曾国藩后，曾国藩也很沉得住气，对此案不闻不问，只一直等，一等等了两个多月，直到刑部尚书郑敦谨抵达江宁才关注此案，在这两个多月的时间里，他从未主持过审理案件，在郑敦谨来到的前一天，他才调阅案卷，记下有关案犯的名字。

那么这段时间里他在干什么呢？除了处理些政务杂事，据说他大部分时间都在闲玩，一是接客聊天，二是看《阅微草堂笔记》。几个月中，他所做的有关于刺马案的活动，那就是他给马新贻作了一幅挽联，前往吊唁了一番。其联据说是这样写的：范希文先天下之忧，曾无半分逸豫；来君叔为何人所贼，足令百世悲哀。

挽联中的"范希文"说的是北宋政治家范仲淹，其先天下之忧而忧的为国为民之心流芳万世；而"来君叔"则是指的东汉名臣和军事家来歙，来歙才华过人，为忧国事而忘家，却在征伐蜀地时遭袭而丧命，光武帝为之甚是悲伤。曾国藩引用此二人，是来形容马新贻既有范仲淹之品德，又逢来君叔之不幸，实在让人为之悲叹。

曾国藩既有怜马新贻被刺之不幸之心，又为什么对这个案子一直采取拖延回避的态度呢？这里面肯定有深层次的原因，晓其深意的历史学家邓之诚在《骨董三记》中说："国藩不欲深求，必有不能深求者在。"

那么谁又是其中的"不能深求者"呢？时人猜测不断，主审官却是讳莫如深。

曾国藩回江宁不久，来年的1871年1月7日，郑敦谨入宫请训，随即装束就道，驰赴江宁。

郑敦谨（1803－1885）字小山，湖南长沙人，道光十五年进士，选庶吉士，散馆授刑部主事，不久后再迁郎中，出为山东登州知府，擢河南南汝光道。咸丰元年，泌阳土匪乔建德踞角子山，郑敦谨与南阳镇总兵图塔布督兵捕获之，被议叙，署布政使。二年，授广东布政使，仍留署任。

当时有广东土匪入湖广骚扰，朝廷命郑敦谨赴信阳，会南阳镇总兵柏山扼要设防。三年，命河南巡抚陆应谷统兵驻南阳，会城及信阳有事，许敦谨专折驰奏。钦差大臣琦善督师援安徽，檄郑敦谨总理信阳粮台。及师屯江北，粮台移设徐州，仍令郑敦谨往任其事。不久后又调郑敦谨授河南布政使，留筦粮台如故。四年，光州、陈州捻匪起，巡抚英桂出驻汝阳，诏郑敦谨赴本任。省城戒严，郑敦谨督率官绅倡捐经费，兴团练。皖捻犯永城、夏邑，增调兵勇防黄河各渡口，断寇北窜。寻命暂署巡抚。

咸丰五年，因坐欠解甘肃两年协饷，降调郑敦谨还京，以郑敦谨为四品京堂候补，授太常寺少卿。八年，督山东学政，累迁大理寺卿。同治元年，署户部侍郎，郑敦谨复出为山西布政使，又调署陕西布政使，调授直隶布政使，擢河东河道总督。四年，授湖北巡抚，寻召授户部侍郎。五年，郑敦谨又被调往刑部。

咸丰六年，擢左都御史。捻匪渡河入山西境，巡抚赵长龄、按察

使陈湜疏防被劾，诏敦谨往按，长龄、湜并坐罢，即命郑敦谨署山西巡抚。七年，出省治防，移军驻泽州栏车镇，为各路策应。授工部尚书，仍留署巡抚。回匪入河套，近边震动。郑敦谨移驻宁武督防，别遣兵守榆林、保德下游各隘。增募炮勇，补葺河曲边墙。回匪窥包头镇，沿河堵御，会绥远城将军定安遣队迎剿，总兵张曜自河曲截击，破走之。八年，调兵部尚书，回京。九年，调刑部，为刑部尚书。

郑敦谨被谕命赴江宁查刺马案后，稍作打点即行上路，随带司员仍是跟随自己去山西查案的现任刑部满郎中伊勒通阿、汉郎中颜士璋等。

郑敦谨一行星夜奔驰，时值大雪封路，坐轿难以行走，他们徒步涉雪而行。据颜士璋《南行日记》记载，途中多人冻伤，他自己的蓝布棉衫被树枝多处刮破，到江宁时衣服棉絮外露，不堪入目，可见其赴江宁之急，也说明其的确有清明公正审案之决心的。

由于沿途雨雪阻滞，郑敦谨一行直到这年的大年除夕才抵江宁。这一天，当时曾国藩正在房中看书，听外面有城门守军快马来报，说刑部尚书郑敦谨已到了通济门。曾国藩十分惊讶，急忙换官服带了人去接，走出不远，见郑敦谨一行人已经远远地走过来。只见这一群人大多衣衫褴褛，仪仗不整，个个面带疲惫之色，却仍急匆匆地向前赶。

到了近前，大轿落下，郑敦谨从轿中走出来，曾国藩见其穿着蓝底白点的袍子，搞不懂是什么官服，更近些才看清是一团团的棉絮从破衣

清代南京江南第一名楼

中露出。曾国藩与郑敦谨见过礼，说过客套话，又问道："郑大人为何如此狼狈，一路可顺利？"

郑敦谨道："为了办案贪赶路程，天气又冷，狼狈至此，让老兄笑话了。只是辛苦了我带的这些人了，他们身上都有冻伤，麻烦老兄叫郎中给他们找些治冻伤的药吧。"

曾国藩吩咐人赶紧去办，随即将郑敦谨迎到府中。稍事休息之后，魁玉、梅启照等人也闻讯赶来。郑敦谨道："人既然来得齐，就在这里将案子商讨一下吧。"

曾国藩诧异道："小山，你来得本就匆忙，应当好好养养精神才对，为何如此着急。"

郑敦谨道："若是晚了，恐有人泄出口风，就不好问案了。"

曾国藩一看郑敦谨这么用心，赶紧派人将江宁的司、道、府、县长官都唤过来，一同商谈案情。

曾国藩正乐得将此案交过去，自己好脱身，众人来到后，当下大家聚在堂上，魁玉将前些时候审案的大致情况说明后，便不再说话。梅启照、曾国藩只是补充了两句，也没有多说。只有孙衣言侃侃而谈，说指使的人倘能逍遥法外，则天下将无畏惧之心，又何事不可为？所以这一案办得彻底不彻底，对世道人心，关系极大。袁保庆也慷慨陈词，坚决要求用刑求供。马新贻的弟弟、浙江候补知县马新祐则是一再向郑敦谨陈情，请郑敦谨还他哥哥一个清白。马新贻的儿子马毓桢则跪地放声痛哭，请求伸冤。

郑敦谨将马毓桢扶起来，道："张汶祥行刺督臣一案，断非该犯一人凭着一时激愤而行凶，本官一定要彻底研鞠，严究主使，尽法惩办。只是案情重大，不便随意使用重刑，倘若在未正典刑之前而刑毙于大堂之上，谁能负得起这个责任？"

隔了一天后，郑敦谨正月初二即关门审案。参加会审人员有：钦差大臣郑敦谨和他的随员伊勒通阿、颜士璋；曾国藩和他委派的江安粮道王大经、江苏题补道洪汝奎；后来又增加候补道孙衣言、袁保庆。

郑敦谨严审凶犯，张汶祥信口开河

郑敦谨身为大清刑部最高官员，审理此案当是他份内之事，所以他信心满满地非要把这天下大案审个水落石出不可，也不枉他那个"铁面无私"的称号。于是他连讯 14 天，想尽各种办法，但张汶祥却一昧狡赖，毫无确供，致使案件没有任何进展。

到了第十四日，郑敦谨开堂又审，他下了决心，这次一定要审出些什么来，于是张汶祥和他的妻嫂罗王氏、女儿和儿子等一同被带上堂再审。这一回，郑敦谨亲自审问，问得十分审细。但张汶祥还是愿说时便说，不愿说时便昂着头一声不吭。翻来覆去还是将前供重说一遍，又道："马新贻这只披着人皮的畜牲，伤天害理，黑了良心。不顾人伦，杀弟占妇，我杀这样的人还需有人主使么？"

郑敦谨大怒，喝道："看来不用重刑，难以撬开你这铁嘴。来人，用刑！"

两旁衙役呼喝一声，下边孙衣言袁保庆等人心中畅快，都心下说道：早就该用刑了！哪知郑敦谨接着却说道："将罗王氏捞起来用刑。"

两个衙役上前，将一副拶子套在张汶祥妻嫂的手上，两边一用力，罗王氏一声惨叫，张口大骂张汶祥道："你这个土匪无赖，你打骂老婆，逼她自杀，你又不管家里，整日与人喝酒，留下儿女无人照看，我看他们可怜，好心收养他们，却受到你这畜牲的这般连累，天啊，我这不是自作孽吗？"

张汶祥被骂得低头不语，衙役们却未停手，罗王氏惨叫连连，十指都渗出血来，呼喊张汶祥快招。张汶祥却牙关紧咬，扭头闭目不看。

张之万见状，又喊衙役道："张汶祥，你真是个硬骨头，好，再将这两个孩子套上刑具。"

衙役答应一声，将跪在下面的一个十六七岁的小伙子架上来，在头上套上箍子；又将一个小姑娘拎上来，套上手拶。

郑敦谨对张汶祥道："张汶祥，你还不说么？难道要看着你的儿子和幼女遭此酷刑之后才畅快么？"

张汶祥睁开眼睛，看了看自己的儿女，一闭眼，便有两行眼泪流下来，他叹道："因我之事，让无辜子女遭此大难。妻嫂照顾他们多年，自己非但没有机会报恩，反让您因我而身受严刑。我实在是对不住你们哪。"说罢呜哇大哭。

张汶祥哭了一会儿，对郑敦谨道："狗官，你不是要知道是谁主使我么？我来告诉你，马新贻实为回人，其父是山东菏泽回民之首，与甘肃回王素有联系。马新贻与太平军、捻军作战，军火多得回民资助，故屡屡立功，升迁也快。马新贻对回王感恩，一直寻机报答。"

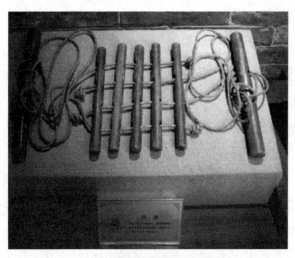

清代手拶刑具

张汶祥这番话说出来，直让在场的人犹如听到一声惊天响雷，全傻在了当场，张汶祥接着说道，自己原为捻军，眼看造反部众纷纷溃败，遂"怀反正之志"，后来投到马新贻军下。马新贻有一亲兵叫做徐成三，原与张汶祥同在皖北为捻军，降清后成为马新贻之亲兵，一直作到巡抚标兵营材官。张汶祥因为与徐成三早就认识，后来又同在马新贻军中，所以结为好友。某日二人在一起畅饮叙旧，徐成三抱怨道："真是人心不足蛇吞象，这话一点儿不假。你我兄弟，自从捻军那里投奔清廷以来，虽屡立战功，但仍被人小视，动辄以'重治贼党'相威胁，十分憋屈。看那马大人却是春风得意，一直做到封疆大吏，却还想要背叛中原，投降回部，尽占东南之地，真是人不能比人啊！"

张汶祥本不信，那徐成三又道："半个月前，西北回王颁给马新贻一份密诏，说目前大军已定新疆，不日便将'剿灭'与之作对的左宗棠楚军，入关东下。所有江浙一带征讨事宜，俱委托马氏办理，事成之后，封其为东南王。马氏旋即复函，称'大军果定中原，则东南数省悉臣一人之责'云云。"

张汶祥说他一听此话，不由得拍案大呼："此等逆臣，我一定要亲手杀之！"于是他处心积虑，终在江宁行刺成功。

张汶祥这番言论，顿使满堂皆惊，郑敦谨呆坐不语，梅启照与魁玉相互对视一眼，皆摇头不信，其他人都表情错愕，不能置一言，在一旁录供的几个书办，不是吓得手发抖不能下笔，就是心有所忌停笔不敢直书，只一个劲地看郑敦谨是如何发落。孙衣言和袁保庆则拍案而起，大骂张汶祥胡说八道。

这案子审出这样一个结果，实在大出郑敦谨意料，心想如果再审下去，真不知道那张汶祥还要再胡说些什么，不禁如坐针毡，坐也不是，走也不是。

而曾国藩数日来与郑敦谨并坐正堂，却一直默默地听着审讯，自己很少发问，现在案犯审出这么个结果，当然不能具案，他也是厌烦了这种无用之功，并且不无提醒地对郑敦谨淡淡地说："郑大人啊，看来只好仍照魁、张二公原奏之法奏结了。"

郑敦谨一听此话，怔了半晌，觉得如果照先前的案情结案，实在要比眼下这个结果强太多，不禁叹了口气，过了一会儿，他忽又回过味来，心想难怪自己连审 14 天，却没有结果，或许他们早已设计好了，张汶祥这番言论显然不符合事实，但却逻辑严密，牵扯重大，可说是糊弄主审官的最佳说辞，于是他心里一下凉了半截。

郑敦谨又呆了半晌，才悟到这其中水深不可测，又犹豫半天，终于明白这案子是不能深究的，于是叹了口气，也打定主意，决定对张汶祥采取熬审不用刑的方法，只把气势做足，有没有结果反倒不关心了，因为这只是做给别人看的。

就这样又审了几次，马新贻生前的亲信，陪审的孙衣言和袁保庆可是坐不下去了，他们看着这几个月来已被养得身体发福，白白胖胖的张汶祥，心下恨不能奔过去将其掐死。孙衣言就对郑敦谨说："贼悍且狡，非酷刑不能得实。"建议郑敦谨对张汶祥动刑，但是郑敦谨又搬出先前魁玉和张之万的话来堵孙衣言的口，孙衣言和袁保庆毫无办法。

袁保庆仗义执言，曾国藩自作主张

由于审不出有说服力的情况，郑敦谨只好按曾国藩的提醒结案。到了 3 月 19 日，郑敦谨和曾国藩裁定结案并联衔上奏，其奏比张之万、魁玉原来的定拟叙述更加详细，取供、采证、行文更加缜密，但基本内容确是照述前者。要说有所不同，那也只是郑重讲了如下两点：第一，

曾国藩书法

特别强调张汶祥"听受海盗指使并挟私怨行刺","实无另有主使及知情同谋之人"。第二，对张汶祥量刑更加残酷，除了"按谋反大逆律问拟，拟以凌迟处死"外，又增加了一条"摘心致祭"。

当郑敦谨、曾国藩拟好奏结后，二人召齐会审诸官，征求各位意见。魁玉、梅启照等人自然无话，但袁保庆、孙衣言等人坚决不同意。拒绝在问供和奏结上"书诺"（签字）。曾国藩一脸庄重地道："这样做也是为马制台洗刷清誉。难道非要查出是堂堂一品大员，诱奸下属老婆，终于恶有恶报，被其夫杀死么？这个说法，只能让马家家属更加悲愤，马氏的亲朋故旧无法接受，让朝廷担上用人失当的名声，让忠公体国的马新贻制台，在九泉之下不安。此前我朝苦心营造的上下无猜、和衷共济的局面，岂不又有变数？"

袁保庆义正辞严道："我相信马制台的为人，决不至于做下如此之事。二位大人所上报的口供，漏洞百出。恐怕也过不了朝廷这一关。还望曾大人召齐会审诸官，重新审理，查明真相。"

袁保庆，字笃臣，号延之，谥号"中议"。河南项城人。此人并不出名，但此人有一极有名的儿子，即后来的袁世凯，清末民初著名的窃国大盗，袁世凯虽品德不端，但袁保庆品德还好，袁保庆的父亲叫袁树三，保庆是家中次子，幼承家教，学业突出，于咸丰八年（1858年）中举。后跟随叔父袁甲三在鄂豫皖苏一带参加对捻军作战，战功卓著，官至二品江宁盐法道。

袁保庆少年时代，袁家尚人口较多，家中仅有土地三十多亩，家计窘迫。父辈兄弟四人都在读书，全靠祖母郭氏苦心经营，才勉强维持全家生活。后来父辈中四人有三人入仕，特别是叔父袁甲三官职不断升迁，家境才开始好转。

七岁时，保庆与堂弟袁保恒同受读于叔父袁甲三。袁甲三管教严格，细心教他们读儒家著作。袁甲三入仕后，他们又到邻村继续读书。袁保庆性格内向，不好玩耍，经常一个人思考问题，对老师所教内容都能融会贯通。遇到宋儒以来的著作，总是探赜索隐，务求甚解。

青年时期，正是袁甲三统军剿捻时期。袁甲三把他们召入军中，一方面让他们参与军事行动，一方面特聘睢州著名塾师吕新吾、汤潜庵为他们授课。先生们对袁保庆的评语是："学切于实用"。咸丰八年（1858年），叔父让袁保庆回乡参加乡试，考中了举人。后又因为他在叔父军中作战勇敢，亲自带领清军攻克了安徽的六安城，被副督统胜保上奏朝廷，封光禄寺署正。

咸丰十年（1860年），顺天府丞毛昶熙督办河南团练，奏请袁保庆帮办，专司训练。那年十月，山东捻军集结亳州拟西进，袁保庆督率团丁声援官军，在开封、归德（商丘）一带布阵阻敌。战斗中，他身先士卒，冲锋陷阵，率军在数日内杀死捻军几千人，捻军节节败退，随后退回亳州。袁保庆又率领军队攻破夏邑、睢州等地，斩杀捻军首领数人，被朝廷嘉奖四品衔并赏戴花翎。

第二年正月，捻军占领了陈州宋集、雷集一带，袁保庆约请道员周旭徵带领团练前后夹击，再次大败捻军。同治二年（1863年），豫皖交界捻军四起，侵扰正阳、息县、项城、沈丘等地，还占领了新蔡县城。毛昶熙及钦差大臣胜保，先后把陈州、汝宁防地交给袁保庆。袁保庆率军奋战，先后击溃多处捻军，俘虏并杀死捻军大小首领上百人，攻克或收复了被捻军占领的路阎庄、三官庙等五十多个村寨。捻军将领王九现、李如松率兵攻占了项城尚店寨。袁保庆督军和他交战五十多个昼夜，最后杀死了李如松等十九名捻军将领，斩首、俘虏捻军三千多人。这次战役大获全胜，袁保庆又被加封盐运使衔。

同治四年（1865 年），河南巡抚张之万保举袁保庆为道员，留河南补用，时任浙江巡抚的马新贻也力保他留浙江补用，但都未被吏部批准，却被旨封为知府，发山东补用为济南府知府。同治七年，升任两江总督的马新贻，再次力保袁保庆赴江苏办江防，终被军机处议准，钦封江宁盐法道，掌一省食盐的生产、运销，衙门设于南京。

在盐法道任上，袁保庆查看河工，督办盐务，并指挥江防水陆各军，刚直清正，廉洁奉公，恪尽职守，克勤克俭，算是一位好官，因此也极受马新贻信任，为其得力干将。袁保庆受马新贻栽培提携之恩，对马新贻暴死贼手，如何不痛心疾首？

但刚直之人，必被圆通之人所嫌，当下曾国藩听了袁保庆之言，就暗叹他的迂腐，心里也知道和他们争也无用，当下无话。

郑敦谨、曾国藩皆是朝廷要员，孙衣言和袁保庆二人不过是地方小官，对付他们还不容易？第二天，郑、曾二人在署名奏结中根本不提孙衣言、袁保庆参加会审一事，只将魁玉、梅启照还有新上任不久的江宁知府蒯德模等人召来阅供具名，在奏结中根本不提孙衣言、袁保庆参加会审一事，自然也就不需要他们书诺具名了，这样当然就"不会"有反对意见了。

"尚属可信"成定案，慈禧太后不深究

　　在上奏的同时，郑、曾二人把供招抄录分送军机处、刑部存案。郑、曾二人这一手很厉害，首先存案，可造成既定事实。意思很明白，这是最后定案。郑、曾二人在另外的夹片中使用的措辞仍然是："该犯供词，尚属可信。"这一措辞是张之万、魁玉在原拟中使用的，为此清廷斥责他们，"不足以成信谳。"而今郑、曾二人使用，强调了"可信"这一点，倒也不为过了。

　　郑、曾二人还在夹片中陈明"实无主使别情。"强调该案并无人主使，其实另外一层意思则是请慈禧、慈安、同治帝及军机处多多担待，不要再生枝节。这样一来，朝廷最终也不得不接受这一事实，因为如果再不认可，朝廷中实在也没有能办这件事的人了，除非让同治帝或慈禧太后亲自审问了。

　　案件审到这里，虽然供词勉强，但慈禧明白此案只能这样打住了，只能是一个糊涂案，如果再深究，不但于事无益，反而会给朝廷带来麻烦，因此她也不得不最终接受这一事实。

　　说到慈禧定案，其中还有一个插曲。本来同治帝主管此案，他是依了慈禧和慈安两宫皇太后的意思，对刑部的申报作了批示。但皇后阿鲁特氏听说了此案，因为这个案子甚奇，她十分关心，在看了刑部的申报和郑、曾二人的折子以及张汶祥的供词后，觉得疑点重重，就对同治分

析道："表面上此案为张汶祥新仇旧恨积聚成仇。但细细分析，任何一点都不能成立。首先，张汶祥因为一品大员不帮他找回老婆就起谋害之心，这基本是不相干的事，他的老婆被别人拐跑了，却去找官府要，要找也应该找本县知县去管，他却去找两江总督，中间差了三个官级，而马新贻未受理本也在情理之中，他怎会因之起杀心呢？实在是无法理解。

其次，马新贻查禁押当，是地方政策，并非针对其一人，利益受损的也不止张汶祥一人，他不过一介草民，失去财产并不多，况大丈夫何处不可安身，难道真是被逼得走投无路了，要与马新贻同归于尽？此理也讲不通。

第三，折子上说张汶祥开押店，勉强过活，那就说明他虽受程速台资助，但所受有限，这也不值得他去冒这么大的风险，为程速台卖命。看案情是张汶祥仇恨三年不改其志，必欲杀马新贻而后快。但即使将前三条理由都加起来，也无法让一个常人积聚起如此大的仇恨。我看马新贻因小节而背义，招致杀身之祸的事，倒比这更像是真的。如果那是真

同治皇帝像

的，看如今国家内忧未平，外患日甚，朝中官员都应当致力于治理国事，为国出力，岂能像马新贻那样腐败贪欢。我看要严肃官纪，依事实断案。张汶祥杀马新贻，本应算杀害'不拒捕奸夫'，依'擅杀律'，判个缓期执行的绞刑即可。"

阿鲁特氏虽分析得合情合理，但却不免是妇人之见，忽视了当时天下各种势力的相互斗争和作用，但同治帝乃顽劣放荡之人，他的看法尚不及皇后，所以在听了皇后的分析后，也觉得慈禧太后处理不当，

于是他接受了皇后的见解，依着她的话批下奏章。结果慈禧太后知道后，气得大骂同治帝是昏君，不听她的话却听信皇后的一派胡言，逼同治重新改过批文。从此，西太后也更加嫉恨阿鲁特皇后，为以后将她逼死埋下伏笔之一。

于是在 3 月 26 日，慈禧以朝廷名义下达谕旨，以"漏网发逆，复通海盗，挟嫌泄愤，刺杀总督大员"定谳，肯定了郑、曾二人的奏结。4 月 4 日，曾国藩奉旨监斩，将张汶祥凌迟处死，并摘心致祭，他的儿子也一同被杀。案子这样就算结了。

根据案卷所载，这次审案应该是以这样的案情结案的：来自于河南汝阳的刺客张汶祥，时年 46 岁，道光二十九年（1849 年）南下宁波贩卖毡帽，结识同乡罗法善，娶其女为妻，咸丰十一年（1861 年），太平军席卷江浙，乃参军入李世贤部，转战东南数省，一度官居叛军副将。同治三年（1864 年），李世贤部败走，张汶祥逃回宁波，无以为生，结交了做过海盗的程速台，由其资助开了个小押当，隐姓埋名勉强度日，此举张汶祥可算是受程速台之恩。当时马新贻调任浙江巡抚，因那里海盗为患，便派兵剿治。在浙江象山、宁海有一处禁地，名叫南田，向来为海盗所盘踞，马新贻捉住了其中的头目邱财青，处以死刑，另外又杀了海盗五十余名，其中颇多程速台的朋友和同伙，因此程速台对马新贻恨之入骨。

马新贻治完海盗，又看到民间押当重利盘剥小民，就贴出告示查禁，而张汶祥开的小押当便被查封，让其生计顿绝。同年，张汶祥的妻子罗氏被吴炳燮诱拐潜逃，让张汶祥追了回来，但人虽未失，卷逃的衣物为奸夫吴炳燮带走了，张汶祥气不过，一状告到巡抚府衙，但马新贻认为此是小事，未行受理。不久，张妻罗氏复又潜逃，张汶祥追着了，逼她自尽。至此人财两空，认为马新贻不替他追赃，以致他的妻子轻视他，又断了他的生意，于是便起了报复的心。同治五年正月，浙江巡抚马新贻至宁波，张汶祥拦舆递状控告吴炳燮霸占其妻，逼妻丧命，马新贻又不准其状。张汶祥叫天不应，叫地不灵，又巧遇程速台，便将不幸

马新贻遇刺之校场门牌楼

之事告知，而程速台因自己做海盗时曾遭马新贻剿杀，就怂恿张汶祥刺杀马新贻。张汶祥追念前仇，杀机愈决。同治七年或同治八年，屡至杭州、江宁，欲乘机行刺，未能下手。同治九年七月二十六日，随从混进督署，直至校场突出行凶才得手。

曾国藩还说，他和郑敦谨一众再三质讯，张汶祥矢口不移其供，无另有主使各情，尚属可信。审明谋杀制使匪犯，情节较重，请比照大逆向拟，并将在案人犯分别定拟罪名。

这份供词是官方认可的定谳，如今尚存于台北故宫博物院。

孙衣言记碑暗讽，郑敦谨自愧辞官

这样的结案，为当时的很多人所不服，孙衣言等人犹为不满，他不争一时，只求公议，在给马新贻写的神道碑铭中，他慷慨激昂地秉笔直书，其中说"贼悍且狡，非酷刑不能得实，而叛逆遗孽，刺杀我大臣，非律所有，宜以经断，用重典，使天下有所畏惧。而狱已具且结，衣言遂不书诺。呜呼！衣言之所以奋其愚戆为公力争，亦岂独为公一人也哉？"

这段文字意思是说张汶祥彪悍狡猾，不用酷刑是无法得到实情的。必须查明实情，找出藏在其背后的叛臣贼子，用重典来惩治，这才能让天下怀二心者有所畏惧。但如今我虽然没有签字，主审官仍然匆匆结了案。我之所以奋力为马新贻力争，难道仅仅是为了他一人么？我是为了大清江山啊。

孙衣言，字绍闻，号琴西，晚号遁披，斋名逊学，浙江瑞安人，清代学者，藏书家。原为瑞安陶山潘埭人，后居县城金带桥。道光二十四年（1844年）中举人，三十年举进士。后以翰林院编修升为侍讲，参与《宣宗实录》编纂，曾独编《夷务书》100卷。

咸丰八年（1858年），孙衣言任上书房师傅。时英法联军入侵天津，举朝争议和战不决，衣言两进封章，提御兵之策。任安庆知府，广施惠政。同治四年（1865年）丁忧，任杭州紫阳书院山长。五年二月，遵旨筹划，上《密陈夷务疏》，以为"道光二十年以来办理夷务，无事不识，而尤莫误于不争天津海口，驯致庚申之变"。十一年，任安徽按察使。光绪元年（1875年）八月，升任湖北布政使。三年二月，调任江宁布政使，整饬盐务、厘捐，明断疑狱，治有政声。因频抗两广总督沈葆桢提用库银，论学论治每于沈前盛称曾国藩，遂于五年内召为太仆寺卿，称病不赴任。

孙衣言家世有藏书之风，祖父孙祖铎，即有"诒善堂"藏书楼。同治六年，孙衣言讲学于瑞安诒善祠塾，造就人才甚众。十四年，因校宋王应麟《玉海》一书，感"玉可宝而有用，海之藏无不具"之句，将诒善堂改名为"玉海楼"，藏书十万卷，其中多积年搜罗的乡邦文献，并亲订藏书规约，允许有志青年入阅。

孙衣言著书甚丰，曾撰《玉海楼藏书记》说："乡里吼声，有读书

玉海楼今景

之才，读书之志，而能无缪我月，皆可以就我庐，读我书。天下之宝，我固不欲为一家之储也。"光绪二十年十月，孙衣言卒于里第，享年八十。孙衣言卒后，藏书大部分归于浙江大学图书馆。

孙衣言秉性刚直，学宗永嘉经世之说，古文词导源于司马迁、班固，盛称陈傅良、叶适诗文为南宋之最，诗嗜山谷，词宗稼轩，书法习柳体，形神兼得，刻镌于石者，遍见浙南各地。毕生致力于阐述永嘉遗学，搜辑遗佚文献编成《永嘉集》74卷，校刻"永嘉丛书"13种，收录乡哲遗文佚事，编有《永嘉学案》及《瓯海轶闻》57卷。在衣言带领下，弟锵鸣、次子诒让均以全力发扬永嘉之学。黄体芳自称"弱冠从吾师游，每侍从，辄闻吾师称南宋乡先生之学以教学者，有所论著，必三致意焉"。遗著除以上列举者外，有《逊学斋文钞》正续十七卷、《诗钞》正续十五卷、《娱老词》一卷，称得上是一代文学大家。

在当时，孙衣言这篇为马新贻鸣不平的文章一出，顿时震惊朝野，舆论大哗，就连慈禧太后也知道其中大有隐情。但是又能怎么样呢？在两江之地还算太平的情况下，朝廷总不能为了一个死去的人再大动干戈，那样有可能动摇大清江山啊。斯人已作古，由他去吧，无非给马新贻加恩赐恤，以慰忠魂。

朝廷对马新贻的恤典甚厚：入贤良祠，国史列传，以总督阵亡例议恤，赠马新贻太子太保，予谥号"端愍"，意思是为官清正，死得可惜。又赐其后代子子孙孙可世袭"骑都尉兼云骑尉"的职位。这些恩赐总算仁至义尽。马新贻死后，他曾做过官的江宁、安庆、杭州、海塘以及家乡山东菏泽等地都为他建有专祠，有的地方还规定每年春秋时，官府为之公祭，江宁百姓更将马新贻曾经住过的一条街改名（今南京马台街）以为纪念。马新贻无子，嗣子马毓桢加恩赏主事，分派在刑部学习行走。

再说该案的主审官、刑部尚书郑敦谨，此人极爱惜自己声名，当年立志以皋陶、伊尹为榜样，从政时锐意进取，欲陶铸人心，彰化世风。如今却认为自己做下了违背良心和本性的事，心情很糟糕。听说孙衣言为马新贻作的墓志铭后，更受刺激，决意离开政坛上的倾轧虞诈，不再涉足官场。未等圣旨下达，更没等张汶祥正法，他悄悄地离开了江宁。

在回京的路上，郑敦谨走到清江就停了下来，决意辞官，打发两个郎中代他回京交旨，声称有病不能回京。新任漕运总督张兆栋在清江将郑敦谨接到督府，劝他道："老前辈圣眷优隆，老当益壮，做官肯定还有一番桑榆晚景，为什么要辞官不做呢？"

郑敦谨苦笑道："宦海浮沉，是非难断，我真的厌倦了，早归早好，清者自清、浊者自浊吧。"

作为钦差大臣，郑敦谨不回京交旨，却半路辞官，按清制是要治罪的。曾国藩可能觉得有点对不住这个湖南同乡，就借巡视地方为名到清江去看他，见面后又对他百般安慰，劝他回京赴任，他不答应，曾国藩送他银两，他分文不收，两个随行郎中伊勒通阿、颜士璋每人收了500两银子。曾国藩和司道各员送他到江边，他板着面孔，头也不回地扬帆而去。朝廷也迭下谕旨，命其回京，但郑敦谨固以有病为托词，请求开缺，并终生不再为官。

郑敦谨号称"郑青天"，以铁面无私著称，在当时名声很大，他的辞官让慈禧也极为不满，但慈禧善于隐忍，她不愿意为这事在朝野上下

颜士璋书法

惹起口舌是非，更知此案内幕未咎，便将对郑敦谨辞官和办案不力的怨气撒到了回京的两位刑部郎中身上。郑敦谨的两个助手回京后，这年六月，颜士璋被放到兰州，虽是给了一个没有实缺的知府，实与充军流放性质无异，不久后其回到原籍，赋闲在家的颜士璋后来写了一本《南行日记》，记述了赴宁审案的全部过程。据他的曾孙颜牧皋说，日记中写道："刺马案与湘军有关。""刺马案背后有大人物主使。"但此日记已经失传；而另一位助手伊勒通阿则于八月十九日"给全俸以养余年"，也回老家养老去了。

而曾国藩因将刺马案办得天衣无缝，受到朝廷上谕嘉奖，为其在天津教案中的处理不力挽回了些颜面，清廷将他与魁玉、梅启照等人都交部优叙。第二年三月十二日，即同治十一年（1872年），曾国藩病逝于两江总督任上，终年62岁。是月，清廷闻讣，辍朝三日。追赠太傅，谥文正。

真相难觅刺马案，幕后真凶何许人

再说该案，总督被刺杀这样的事情，史上本来就极为罕见，何况又纠结着近代时的湘军、太平军、捻军、海盗，甚至传教士等众多集团，牵扯到慈禧、曾国藩、张之万、丁日昌等重要人物，包含着反清、报仇、夺妻、行刺等诸多富有传奇意味的故事元素，难怪种种猜测流传于世，却真相难求。也许正因为太受关注，世人给出的答案太多，反而将真相淹没了。

就该案的性质而言，张汶祥不惜性命处心积虑两年刺杀马新贻，难道就出于案卷中所讲那么简单的动机？这显然不能服众。因此从马新贻被刺起，关于张汶祥的杀人动机就有很多种说法。但此案牵扯面太广，传奇因素众多，真相已被淹没。曾国藩的幕僚薛福成曾在日记中说："或谓必有指使之人，或有以帷薄事疑马公者。盖谓汶祥奋不顾死，非深仇不至此也。"张汶祥究竟受何人指使？是湘军、太平军还是海盗？如说因男女之事被杀，似乎又陷入了"渔色负友说"，此说如此盛行，原因何在呢？张汶祥的供词是官方捏造的吗？为什么张汶祥会在行刺后说"养兵千日，用在一时"？如果张汶祥与马新贻并不认识，那么到底是什么导致他对朝廷大员怀有如此深仇大恨？如果二人相识，马新贻的遗折为什么说自己是被"不识姓名之人"所刺？刑部尚书郑敦谨审完案后未及回京复命就在途中上书以病乞罢，而他 14 年后才亡故。是因为未审出真相，羞于做官吗？一切都是未解之谜。

那么真相是什么呢？从上述所讲的内容中，我们可以明显感觉到该案背后有一股强大的势力，有一双无形的手在左右着这一切。那么这股势力是当时的哪种势力，运转这一切的那双手又是谁的呢？百余年来，人们对此也是猜测不断。

要解开这个谜，我们不妨先从马新贻履职两江总督时说起。同治六年十二月八日，内阁奉上谕"闽浙总督着马新贻补授"，将马新贻由浙江巡抚升任闽浙总督。按惯例，总督上任前要求进京陛见请训。同治七年五月廿八日，马新贻进京陛见，并乞赏假二十日回乡祭祖。七月十九日，马新贻回到家乡山东菏泽西马垓村。八月初九日假满，遵制启程赴任，十三日到济宁，邸报载：同治七年七月廿一日，内阁奉上谕："两江总督着马新贻调补，毋庸来京请训。钦此。"同时又接兵部火票递送

山东菏泽马垓村回族清真寺

军机大臣字寄称：同治七年八月初五日，内阁奉上谕："新授两江总督马新贻，着充办理通商事务大臣。钦此。"于是马新贻身兼两职，九月份到江宁履职。

马新贻是文官出身，不懂军务，但以做事精明干练著称。清廷把曾国藩从两江总督任上调开，去任直隶总督，远离他的老窝，换马新贻任两江总督，去一方之霸，安排一个忠介文官，这算是慈禧太后深谋远虑的一手高招。但有这样一个传言，说在马新贻实授闽浙总督后，在进京陛见请训时，曾先后十余次被召见，最后一次是慈禧太后在养心殿住处召见。召见后马新贻退出来，时值六月，马新贻大汗淋漓，朝服都被浸湿，满面惊恐。据马新贻的后人说，慈禧太后授以密旨，要其密查湘军攻陷天京后太平天国金银财宝下落。

马新贻深知此事重大，且极为凶险，故此失态。按说方面大员第一次进京陛见，理应到处拜见高官、京官，疲于应酬。可是马新贻在最后一次召见后匆匆离京，回乡祭祖去了，这是有违常理的，除有重大事务，不会这样行事。

说起太平天国的藏宝之谜，这本身也是清朝的一大谜案。

太平天国自1851年发动金田起义后，在南方纵横十余年，征战了大半个中国，肯定积累了大量的金银财宝。1853年，太平天国定都天京（江宁），之后不久颁布了"圣库"制度。这一制度要求军民一律不得私藏财物，所有个人的或缴获的财物都要上缴"天朝圣库"，"圣库"设在天京，就相当于现在的国库。为了能使这个制度很好地执行下去，太平天国制定了很严格的纪律。凡是私藏银子超过五两的，就会治罪，甚至会被处以死刑。这样一来，太平天国的财富势必要集中到最高层，并且财富数量庞大。

那么天京"圣库"到底藏了多少财宝呢？关于它的数额，曾混入天京城的清军奸细张继庚在给清军江南大营统帅向荣的信中说，太平军占领南京时，运了大量的白银藏在"圣库"里，一共是一千八百余万两，但几个月后，就只剩八百多万两了。"圣库"就在水西门的灯笼巷。张继庚还报告了一些太平天国将领的个人财产："伪东府（东王杨秀清府）有一万余两，伪天府（天王洪秀全府）有七千余两，伪北府（北王韦昌辉府）有一千余两，其余大小伪衙藏银尚属不少，衣服更不计其数矣。"

太平天国铜钱

在一些历史文献里，也有提到过张继庚所说的"圣库"，只不过在太平天国后期，这个"圣库"制度就已经名存实亡了。因为"圣库"内的钱财这个时候已经被各级王侯将相们瓜分一空，特别是洪氏家族更聚集了大量的财富，天王洪秀全在定都天京后，不思进取，整天贪图享受。他在天京经营十载，动用上万军民，在原来两江总督衙署的基础上扩建了豪华的天王府，建成后的天王府"城周围十余里，城高数丈，内外两重，外曰太阳城，内曰金龙城"，其"雕琢精巧，金碧辉煌"，"五彩缤纷，侈丽无比"。有了天王的榜样，其他各王也在天京城内大修王府，相互攀比，尽情享乐。除修建皇宫外，洪秀全还掠取了大量的金银财宝和文物宝玩供自己享用。

有一个广为人知的传说是，在天京城被攻破前，洪秀全曾命人将大量的财宝埋藏在天王府地下的秘密洞穴中。天王府遗址就在现在的南京长江路292号"总统府"内，民间传言藏宝地点就在他的"金龙殿"下面。

1864年，被湘军围困多年的天京终告失陷，太平天国灭亡。曾国荃带领湘军在天京城内逐街逐巷地杀掠洗劫，其抢劫的重点目标就是天王府和遍布城内的几百处王府及其他官员宅第。可湘军虽然用各种方法捞尽了天京各王府的财宝，却始终没有发现太平天国的所谓"圣库"和传说中天王府藏宝。于是发狂一般的湘军在城内到处拆房、挖穴、掘塘，不惜掘地三尺，搜寻太平天国的"金库"窖藏，曾国荃还下令放火烧了洪秀全的天王府宫殿。

曾国荃天京寻宝，马新贻暗查宝藏

　　曾国荃，字沅浦，号叔纯，又名子植，湖南双峰县荷叶镇人，曾国藩之九弟，湘军主要将领之一。咸丰二年（1852年）取优贡生，六年，率湘军赴援江西省吉安，独领一军对太平军作战，称吉字营，为曾国藩的嫡系部队。因攻打太平军"有功"赏"伟勇巴图鲁"名号和一品顶戴。

　　曾氏兄弟5人，除曾国藩文才武略，对于近代中国的影响深远外，九弟曾国荃的功名要高于其他3人，不仅对于清朝功不可没，对曾国藩的帮助也最大。

　　太平天国天京事变后，翼王石达开负气率部出走。洪秀全为扭转危局，采取了一系列措施，起用了陈玉成、李秀成、林绍璋等一批青年将领。首先陈玉成率部攻克庐州，后又配合李秀成在乌衣渡大败清军，接着又乘胜追击，直下浦口，攻破清军的江北大营，解了天京之围。随后又在战略要地三河镇之战全歼湘军精锐之师6000余人，湘军大将李续宾、曾国华同时毙命。正当曾国藩因为湖口的惨败痛苦不堪的时候，曾国荃率领他的湘军，攻破了吉安城。曾国藩从吉安之役中，看到了九弟曾国荃倔强不屈的性格和带兵打仗的才能，自此以后，曾国藩就把曾国荃率领的吉字营湘勇看作是自己的嫡系部队，处处予以照顾。曾国荃果然不负兄长的厚望，作战勇猛，攻无不克。他手下的将士也大都是亡命之徒，每攻下一城，曾国荃命令放假三日，任凭兵勇烧杀抢掠奸淫，无恶不作。因此这支湘勇在攻城时，都能奋不顾身、冲锋陷阵，这个特点在后来围困安庆、攻陷天京时表现尤为明显。

咸丰十年（1860 年）5 月，曾国荃率军进驻安庆以北的集贤关，开始了对安庆的围攻。安庆位于长江中游，溯江而上则能据汉口、武昌，顺水而下，则南京门户洞开，军事地理位置极为重要。在湘军准备攻取安庆时，该城已被太平军占领达九年之久。

1860 年 6 月，安庆攻坚战拉开序幕，曾国荃率湘军 8000 人进逼安庆。在城西、城北开挖长壕两道，造成包围之势，断其军粮。城内太平军屡次出城作战，湘军都坚守壕垒，不轻易越壕迎战，屡屡挫伤太平军的锐气。太平军陈玉成部前来救援，也始终无法突破湘军的阵地。一时间，交战双方全力以赴，安庆的争夺成了关系着太平天国和清王朝之间军力消长的决战。驻在长江南岸距安庆几十里远的东流的曾国藩，都可清晰地听到交战的火炮轰鸣声，可见战斗的激烈。在这关键时候，太平军首领陈玉成犯了一个大错，5 月 19 日他率数千太平军赴桐城会合洪仁和林绍璋，商讨下一步行动，却留 8 千人守集贤关内和菱湖两岸各垒，留 4 千人守集贤关内赤岗岭四垒，这样就使 1 万余人的部队陷于孤军作战且没有主帅的境地。5 月 20 日，湘军将领鲍超开始猛攻集贤关外太平军四垒，太平军守将刘琳骁勇善战，战斗打得十分激烈。6 月 8 日，赤岗岭四垒也被湘军团团围住，太平军已是山穷水尽。鲍超派人劝降，有三垒太平军被迫投降。刘琳率数百人突围，被湘军穷追，一直追到溪河边，太平军已无力战斗，大部被生擒。

这是一场空前惨烈的战斗，整整打了 20 天，陈玉成的精锐 4 千余人全军覆没，赤岗岭投降的太平军和随刘琳突围被俘的战士，全部被湘

晚清四大奇案之谜

【第三部分】张汶祥刺杀马新贻案

军斩杀，刘琳本人也被肢解。7月7日至8日，曾国荃和湘军水师互相配合，将陈玉成留在集贤关内和菱湖两岸的十八垒全部攻破，太平军8千官兵全部被杀。

这段时间，战争的激烈、残酷，超过了湘军以往参加的任何战斗，一月内，仅在集贤关内外，太平军死亡一万多人。湘军除在战场上杀戮外，又把投降和被俘的太平军集体屠杀，屠戮之惨状，连以"凶蛮"著称的曾国荃都感到手脚瘫软。

此时，安庆与外界的联系已经断绝，只有一些外国商人将粮食偷运过去卖给太平军，曾国荃就派兵士守在航道上，当外国商人的运粮船开来时，就以高于太平军的价格将粮食收买，安庆城内的太平军就完全断粮了。1861年9月5日，曾国荃用地道填埋炸药轰倒安庆北门城墙，湘军蜂拥而入，城内太平军由于饥饿，已拿不动刀枪，无力抵抗，主将叶芸来等16000余将士投降。湘军占领安庆后，曾国荃命令将投降的太平军分成100人一批，轮流叫他们进屋领路费，进屋后便由刀斧手捆绑起来，从后门押出去砍头，整整砍了一天一夜，杀完1万多人。从此，曾国荃也得了一个"剃头匠"的绰号。进入安庆城后，曾国荃将英王府的所有财富据为己有，全部装上船只，运回湖南荷叶塘家中。

被清军抓获的太平天国女人

安庆之战，曾国荃又为湘军立了一大功。安庆的占领，为进攻天京准备了极为有利的条件。清廷以曾国荃"智勇兼施"赏加布政使衔，并赏穿黄马褂。

1862年春，曾国藩开始部署进攻天京。他又把主攻的任务交给了弟弟曾国荃。急功近利的曾国荃在清军未按原计划出师前，率军急进，连下无为、巢县、含山、和州、太平府、东梁山、金柱关、芜湖、江宁镇、大胜关等地，直逼天京城，1862 年 5 月 31 日在天京城南门外的雨花台扎下营寨，使军队处于孤立突出的险境。曾国藩替他担心不已，写信劝他暂时后退，以求稳妥之策。但是曾国荃却认为："舍老巢勿攻，浪战无益，逼城足以致敌。虽危，事有可为。"丝毫没有退兵的念头。曾国藩准备派李鸿章部前去援助，也遭到他的拒绝。他开始在天京城外深挖壕沟，广筑防御工事，并结合水师，全力出击，靠 2 万军队击退了号称 20 万的太平军援部。曾国藩见他打了胜仗，又赶快劝其趁好即收，撤兵天京，以保全功业。此时已觉胜券在握的曾国荃力排众议云："贼以全力突围是其故技，向公（向荣）、和公（和春）正以退致挫，今若蹈其覆辙，贼且长驱西上，何芜湖之能保？况贼乌合无纪律，岂可见其众而自怯？"他还谢绝了白齐文指挥下的"常胜军"的支援。

是时江南流行瘟疫，曾国荃军中也开始蔓延，湘军元气大伤。1863 年能够连战连捷，几年夺下天京城外所有的战略据点，都是在极为艰难困苦的条件下取得的"战绩"。到了 1864 年 2 月，曾部已将天京合围，7 月 19 日午后，曾国荃的心腹、亡命徒李臣典点燃埋在天京城墙下面的三万斤火药，一时间"但闻地中隐隐若雷声，约一点钟之久。忽闻霹雳砰訇，如天崩地坼之声。墙垣二十余丈随烟直上……"天京陷落。

湘军入城后，在曾国荃纵容下，湘军肆意奸淫妇女，屠杀无辜百姓，到处挖掘窖藏，掠夺财宝。湘军所作所为，一派野蛮兽行，其惨况无可描述，令人发指。相较之下，太平天国攻下南京时并未屠城。

不仅是在天京，其他地方也是如此，太平天国失败后，湘军的野蛮之劣根性充分暴露出来，他们比土匪还要凶残，明目张胆地肆意抢掠。左宗棠直言不讳地批评湘军，他认为这都是胡林翼为了一时对付太平天国，招募剧盗所致。曾国藩对湘军的为非作歹也很清楚，他说："余设立水师，不能为长江除害，乃反为长江生害。"

而曾国荃在天京等地所得金银细软、稀世珍宝盈筐满箱，难计其

【第三部分】张汶祥刺杀马新贻案

数，其"贪婪残暴"之名于是遍闻天下。民间流传曾国荃的吉字营湘军掳掠的金银如海、财货如山，一时间，长江上成百上千艘舟船，满载这些财宝驶向湖南。

在天京被洗劫一空后，为了消赃隐罪，他还纵兵放火烧房，使天京城顿成一片火海，破坏极为严重。曾国荃还命令湘勇把洪秀全的尸首挖出，拖到长江边上浇油烧掉，然后将骨灰填进火炮，点烧引信，打到江中。接着斩杀被俘的太平天国忠王李秀成、福王洪仁达（洪秀全二哥），并大肆杀戮无抵抗能力的太平军。

曾国荃攻下天京后，清廷赏加太子少保衔，封一等威毅伯。但曾国荃并没有青云直上，反倒受到官绅的非议和清廷的追究。一则是他贪得无厌，拒缴所得窖金；二则是他谎报洪秀全之子洪天贵已死，其实正是他的疏忽，才使他们得以脱身。曾国藩当然要比其弟深思熟虑得多，也更谙熟为臣之道。他急忙以曾国荃病情严重为由，请求将四弟开缺回籍。

据说在天京陷落后，为了查出太平天国藏宝确切位置，曾国荃曾严审熟知天国内情的忠王李秀成："城中窖内金银能指出数处否？"但李秀成却淡淡地回答"国库无存银米"、"家内无存金银"。后来曾国荃又亲自提审了原太平天国负责掌管内务的梦王董金泉，希望从他嘴里能知道一些藏宝的消息，但坚贞不屈的梦王在严刑逼供下也没有透露出半点有关财宝下落的消息。无奈，曾国藩最后只得奏报朝廷说，除发现二方"伪玉玺"和一方"金印"外，洪秀全天王府的窖金，一无所获。中外纷传的所谓太平天国藏宝之说不过是传闻而已。

然而，事情又似乎没这么简单。据民间传说，这个狡黠的曾国荃很可能在奏报时就已经得到了洪秀全窖藏中的大量财宝，只是秘而不宣、想据为己有罢了。例如，当时的《上海新报》就曾报道：曾国藩的夫人由南京回湖南老家时，就动用了二百多艘船只运送行李。这不能不让人怀疑，这批行李中是否藏有曾氏兄弟从天京掠来的那些金银财宝。

而民国以后，有一本叫做《真相》的杂志，也曾煞有介事地向人们描绘了一个有关太平天国宝藏的故事：有个广州人曾在太平天国当兵，天京沦陷前，某位王爷命令他和其他 46 名士兵在其家中私建藏宝洞，埋藏了黄金白银 300 万两。工程竣工后，这位王爷表示要在府中设宴犒赏他们。这个广州人当时由于正发疟疾，寒热交加，未能参加，其他人都高高兴兴地赴宴去了，谁知该心狠手辣的王爷却借酒

曾国荃像

宴之机把他们统统杀掉了。这个广州人惊悉所有赴宴的人都被灭口后，立即抱病逃回广东。后来，此人在临终前曾交给他儿子一张草图，并叮嘱其"一定要把藏宝发掘出来以安抚我的遗志"。于是，儿子在料理完父亲的丧事后，便来到南京，不惜重金聘请洋人勘察。他曾对洋工程师说："在中正街（今白下路东段）左右，往下挖 43 米多，有两块青石，再挖 10 米，有旧水西门一扇，把门拿掉，就是当年的藏金库。"但这个人后来到底找到了那 300 万两黄金白银没有，《真相》杂志却没了下文。

正当人们以为这个杂志刊登的故事仅仅是坊间传闻、根本不足为信的时候，1912 年冬天，南京的地方政府却真搞了一次藏宝挖掘。只不过挖了一个多月，挖到地下 40 多米都还没看到藏宝，只好空手而归。到了 2005 年，南京市政府为了打通龙蟠中路，也曾在通济门一带施工。筑路工人在施工中发现泥土下有一层古青石板，怀疑下边有古墓或古代窖藏。但经几位文博专家仔细考察后，证实该青石板下面并无窖藏，后来一直挖到地下二十余米，也没有新的发现。而且该地区接近秦淮河道，地下水渗溢严重，所以最后深掘工程不了了之。所以，直到今天，有关南京城内的藏宝所在仍是一个未解之谜。

到现在都是个谜，在清朝时更不用说了。清末财政吃紧，奢侈的慈禧想尽各种办法捞钱，太平天国纵横半个中国，经营十余年，其积聚

的财富无疑是慈禧非常想得到的，但湘军集团报告说并无财宝，慈禧怎会相信？所以很想让人暗地里查一查。而马新贻出身于北方，起用于朝廷，与湘军并无瓜葛，为人又极具才干，无疑是最好的人选。

看马新贻的履历，便知他因征剿"发匪（太平军）"和"捻匪（捻军）"的战功起家，但他与湘军集团并无渊源，尽管他在安徽时曾经是曾国藩的属员，但他绝不属于其派系。而马新贻在仕途上受"圣眷之隆"，可谓一时无两，升官速度之快为他人所不及。尤其在同治朝慈禧当政后，五年间便从一个革职起复的兵备道升至封疆大吏，成为当时最年轻的总督。朝野对此颇多议论，舆论普遍认为马新贻德薄功浅，让他继曾国藩任两江总督，过于破格。要知道，有清一代，所设八个总督（光绪晚期增东三省总督），虽以直隶总督位尊，但真正的"肥缺"在两江。所谓"国家财富，悉出两江"，如此重地，清廷岂能"轻授"，向非老成素望、大德大功者不任。慈禧之所以力排众议，迅速提拔马新贻，其实就在于马新贻非"湘系"的背景。

恭亲王奕䜣在举荐马新贻时也上奏说："马新贻精明强干，操守亦好"，"要这样的人，才能把那些骄兵悍将妥为安置"。这话再明白不过。所以马新贻巡抚浙江，接的是开缺回籍的曾国荃的班，而清廷一将曾国藩调任直隶，便迫不及待地令马新贻制军两江。

恭亲王奕䜣像

马新贻被委任闽浙总督赴京受训，在离京回乡时，清廷尚未发出其改任两江总督的上谕，马新贻显然已经知道他要改任两江总督的信息，因为作为闽浙总督是没办法查案的。据马新贻的后人说，马新贻回乡祭祖假满启程前，将其两位兄长招到密室，反复叮嘱："我此行吉凶难料，万一有不测，你们万万不得赴京告状，要忍气吞声，方可自保。"两兄闻言惊恐万状，也不敢向家人透露半分。

之所以会这样，应该是慈禧密派马新贻暗查湘军的所得财富，但另外应该还有一点，就是在慈禧的授意下，分化瓦解湘军集团的势力。

湘军势大已成患，清廷惩治力不逮

湘军，是清朝著名的地方军阀武装。要说湘军的起势，还得先说说太平天国。公元 1851 年，以洪秀全为首的"拜上帝会"在广西金田起事，二月便攻克永安州，建号"太平天国"，其后连下芜湖、九江、武汉等重镇，定都江宁，改名天京，这是清朝后期的一次由农民起义创建的农民政权，起事后的十三年间，这一势力将战火绵延十八省、六百城，清朝八旗军队在其面前不堪一击，太平军攻城略地，势如破竹，曾捣破直隶，逼近京畿。清军合围征剿的江北、江南大营先后被打破，数年中战火连天，鼙鼓动地，大清王朝岌岌可危。为了对付太平军，清廷下令准许地方以办团练的名义招募和训练军队，这给了地方以参预军事的机会。

咸丰三年（1853 年），时逢清朝存亡之秋，正在湖南老家丁忧的曾国藩挺身而出，他以卑微之职自募民兵，在家乡办起团练，用"营官自招"方式组建一万七千人的地方武装，以书生之身起而"勤王"。凭着一股"蛮霸"的精神，屡败屡战，九死一生，终于"挽狂澜于即倒，扶

大厦之将倾"。

　　湘军与太平天国军队恶战多年，转战数省，扩充至十余万人，于同治三年（1864年）在曾国藩之弟曾国荃率领下攻破太平天国的天京（今南京），为清廷立下汗马功劳，成为清末一支举足轻重的军事政治力量。曾国藩以军功连升高官，后任两江总督、直隶总督，节制浙、赣、苏、皖四省军务，官居一品，并封侯爵。曾国藩久在江南，苏、皖、赣各省大小官员均为曾的部下、门生、故旧，湘军驻防三省各地，而这三省的赋税收入占了清廷年收入的三分之一。这样一股庞大的地方势力，已成尾大不掉之势，清皇室已对此颇为忌惮。

　　正所谓"飞鸟尽，良弓藏"，太平天国失败后，湘军没有了敌人，那么势必面临解散的命运，而曾国藩身为湘军之主，清廷当然会担心曾国藩有野心，其实他的部下早就曾怂恿他谋取帝位，只是曾国藩不想那样做罢了。

　　清廷是不能允许曾国藩在江南坐大的，特别是慈禧太后，曾国藩的势力盘踞东南，在她心里就像东南卧着一只虎，她睡觉也不安心。于是她把曾国藩调离江宁，派马新贻任两江总督，迅速裁撤湘军。

　　江宁是湘军攻下来的，两江一直被湘军视为私地，他们在那里经营了数年，岂能轻易向马新贻俯首听命？马新贻几十年来一直没有自己的军队，孑然一身来到江宁，其实和深入龙潭虎穴差不多，更何况他身上还承载着寻找湘军侵吞的太平天国宝藏和瓦解湘军势力的重任呢。

　　因此，马新贻的死，让人们不得不对湘军势力所怀疑。马新贻任两江总督两年，干了许多实事。他又是如何秘密侦查宝藏之案，现无据可查，但他的死，或许是因为他查到了某些重要线索，而这些线索已触及到某些大人物的根本利益，并且他的查案已为这些大人物察觉，所以才遭杀手。

　　另外一个同样重要的原因是，马新贻来到江宁的之前和之后，清廷对湘军进行大裁军，湘军被迫裁军数万，但裁下的湘军官兵并未回乡务农，很多人自发组织或在原将领的带领下到处游荡掳掠。有些人参加了哥老会，有些人本来就是哥老会成员，这样一来，湘军的裁撤实际等于扩大了黑势力，散兵游勇又与黑势力结合，成为社会的一大公害，有的还与官府勾结，上下窜通无恶不作，给社会带来极大危害。马新贻到任后镇压了一批地方黑势力，打击了湘军裁撤后的一些分支势力，在惩治散兵游勇时也非常严厉，尤其是他任命以剽悍著称的袁保庆为营务处总管，抓到为害百姓、有非法行为的散兵游勇即就地正法，马新贻的所作所为势必为湘军中的某些人所记恨，被人买凶刺杀，便也在情理之中了。

所以，从上述一些方面的迹象来看，马新贻之死，绝非如同戏文里、《清稗类钞》里所传的"桃色案件"，也绝非如同当时新闻、邸报里公布的"挟私报复"，可能是与查访曾氏兄弟、湘军集团的劣迹和太平天国金银财宝去向有关，这恐怕才是官居一品的方面大员马新贻被刺杀的真正原因。

但从整个事件的过程分析，曾国藩可能并非"张汶祥刺杀马新贻案"的幕后主使，其弟湘军总督曾国荃嫌疑较大，台湾史学家高阳先生怀疑到曾国藩的儿女亲家、江南水师提督黄翼升头上。无论是谁，曾国藩显然知道是湘军集团中和其关系极为亲近的人所为。纵观张汶祥一击即中的"刺马"过程，明显是有准确情报的精心安排。而案发后，立即有"刺马"案戏文上演，让马新贻"渔色负友"之说广为传播，还有湘军将领给张汶祥立碑等等。所有这一切都说明刺马案是一件有计划、有组织的政治谋杀事件。从案件的实施，到舆论的有力配合，都说明它出自高人之手。但这高人高到哪一层，是什么样的来头，能令主审官员噤若寒蝉，所以到了曾国藩审问时，心知肚明的曾国藩知道此案关乎曾氏家族和湘军集团的声誉和威望，也害怕如若揭穿此案可能会牵连出更多的人和更多的劣迹，引发全面崩溃，因此曾国藩不得不曲为遮掩，并想办法消除后患。从曾国藩所办理的定案情况来看，此案全面深入地照顾到了他所代表的势力的利益，他办得的确够"圆满"的。

但是，这样的分析虽然十分合理，并为多数历史学家认可，却由于曾国藩办理得极为"圆满"，此说并无确凿的证据能够证实。目前对马新贻死于湘军集团策划的政治谋杀一说论述最全的是高尚举的《刺马案探隐》。高尚举，笔名子夫，山东省菏泽市成武人，致力于清史研究，尤重清末"刺马案"研究，为破解这一历史疑案，查阅海峡两岸有关历史档案，走访当事人的后人，进行社会调研。他认为，事件的原因和过程大致是：在镇压太平军的过程中，曾国藩的湘军实力逐步坐大，成了朝廷心腹大患，于是慈禧把曾国藩调离两江总督的位子，派马新贻担任，以牵制湘军势力。另外，马还肩负着调查太平天国财宝去向的慈禧密令。马的到任触动了湘军集团的利益，所以湘军指使张汶祥刺杀了马新贻。但高先生虽然指出了马新贻死于湘军主使的一些蛛丝马迹，但并没有给出任何确凿证据，作者提出的一些理由也多经不起推敲。如慈禧密令马新贻调查太平天国金银的下落，以及马新贻上任前对兄长表示自己凶多吉少，这两条关键证据，据作者所说，是得之于马新贻后人，这就使其可靠性大打折扣。所以马新贻死于湘军的说法，尽管存在这样的可能，但还缺乏扎实的证据。

众说纷纭成谜案，颠倒黑白一闹剧

　　清末四大奇案中，其他三案的苦主都是中下层百姓，一旦蒙冤，洗刷不易。但经过家属不屈不挠的抗争，以及有良心官员的细加推究，最终都沉冤得雪。而"刺马"案，受害者为一品大员、刺客当场擒获，理当最容易获得真相，但因为当时的种种原因和各种势力的交错参与，使得该案虽有官方说法，却不为舆论信服，反而成为离真相最远的一案。

除上面讲到的一些说法外，本案还有如下说法：

第一，历史学家章士钊曾这样认为："夫汶祥，官文书明明宣称洪秀全余党，粤捻两通，而其报仇远因，则在南田围剿一役。"章先生所说的南田洪秀全余党，在张汶祥的供词中是海盗，与太平军毫无干系。这很可能是章先生把张汶祥参加太平军的经历与海盗混淆了。说张汶祥为太平军报仇，可能性不大。

第二，认为慈禧太后是真正的幕后主使，是慈禧授意醇亲王奕譞所为。这种说法认为马新贻官运亨通乃得力于洋人。此说法见于马昌华在《张汶祥刺马案辨析》一文中提到的不同看法，他并未讨论时人多引证的关于马新贻涉足湘军的势力范围，以及曾国藩因张汶祥的供词中对其多有不利而维持原判等等问题，而是从有关传教士的一份新材料的记载出发，在分析马新贻的对洋教的立场后，认为"教会史家的记述，使我们知道马新贻对传教士的态度过分亲昵，'以堂堂节帅之尊，而竟甘心外向'，致使他失宠于清廷，结怨于同僚。"

此说认为在咸丰四年，马新贻在上海与小刀会作战受伤，被送进董家渡的法国医院，住院期间竟受洗入了天主教。此后，法国人不断对慈禧施压，所以马新贻才能以庸才任两江总督。慈禧久欲除之，又恐得罪洋人，于是命奕譞密令魁玉买凶将马新贻杀害，之后清廷对刺马案的态度和策略是

醇亲王奕譞像

"外紧内松，明褒暗贬"。所以马昌华先生认为这个阴谋是由朝廷和所谓的"同僚"一起操纵的。

但此说也经不起推敲。一是慈禧太后没有理由杀一个既无兵权，又不属于任何派系的马新贻。再就是大清帝国虽屡受侮于列强，但要说内政完全受制于洋人则于史无据，何况是两江重地的总督任命。在"君要臣死，臣不得不死"的时代，大臣即便被赐死，也是要"谢主隆恩"的。慈禧杀马新贻，易如反掌，怎会使出暗杀的手段？而且若朝廷也有参与谋划，则事后长达半年多的审判似乎显得没有必要，而清政府一再怀疑案情未清，直到曾国藩的最后上奏为止，而这又颇易让人产生遐想。

此案的社会意义也是很大的。刺马一案先后更换三任主审，波折不断，延宕半载，最后还是办成了一桩"葫芦案"。究其实质此案乃是"中央政府"与地方军事力量的一次较量，几番交手，终以清廷妥协落幕，所以两朝帝师翁同龢说刺马案是二百年未有之奇。

类似的刺杀案在有清一代的历史上是前所未有的，所以大清律中并未有相关规定，而这可以说也为主谋者提供了一定的机会，便于后期控制。而清政府关于此案的结案方式也让我们真切地理解了传统社会中法律与政治的关系。作为官员，马新贻的死涉及的并不只是他个人的问题，从中可以看到民间社会对上层的反抗，清政府本应严肃查处，即使只是杀鸡儆猴；但当这种责任的追查危及到帝国的稳定和统治的安危时，马新贻的死不得不被看作一项普通仇杀，私永远不能废公，法律最终为政治妥协让路，法律就是政治。在清朝法律制度下，个人的利益是得不到保障的。

另一方面，我们也可以体察到政治、法律案件的审判与民间的舆论之间的关系这一问题。在此案中，主谋者很好地利用了民间舆论这一工具，所以案件虽影响广泛，但由于已经颠倒黑白，所以在结案时并未遇到来自民间的巨大阻碍。从另一个角度看，不能不让人怀疑这是主谋者的有意为之，这可算是在封建社会中民间社会对国家法律的态度和参与

晚清四大奇案之谜

的特殊例子，严肃的法律审判并未究出真相，反倒成了因奸致死、为兄报仇的闹剧，还为世人所传颂。

刺马案的另一种社会意义，则反映在清朝体制的落后和终将被淘汰的历史趋势上。太平天国起义，导致各地督抚掌握军权，当时除曾国藩的湘军，还有李鸿章的淮军、左宗棠的楚军等等，这些军队只知有"大帅"，不知有朝廷，一种内轻外重，鞭长莫及，类似唐末藩镇并起的局面，在所谓"同光中兴"的时代已然成型，为清朝的灭亡埋下伏笔。

时人吴南屏在给曾国藩的信中写道，大清二百年来，兵都是朝廷掌握的，钱粮皆归之于户部，藩府听命于中枢。这些年来，因军功而升至督抚的多达二十余人，至今还占据十八省的近半数。他们仗着功劳，不把朝廷放在眼里，兵员成了家丁，钱粮变为私产，下属唯听命办事，不敢稍有异议。大清亡在这些人之手，总在这几十年间便可证实。这番议论可谓远见卓识。

光绪廿六年（1900年），慈禧太后向列强宣战，八国联军威迫京师，朝廷号令各省驻军勤王。但李鸿章、张之洞、袁世凯等手握重兵的疆臣拒不从命，甚至与敌国签约"互不侵犯"，张之洞等人更策划李鸿章出任中国总统，这便是"东南互保"事件。封疆大臣公然无视朝廷安危，是以下犯上之举，也是国家将亡之兆。而十一年后，辛亥革命爆发，武汉三镇"陷落"，在不到四个月的时间里，十八省便相继独立，大清王朝这座大厦竟瞬间轰然垮塌。易中天先生在《帝国的终结》一书中用贾谊《过秦论》一文中的话描述

张之洞像

清之亡乃亡于"党人与军阀并起"。如果说革命党人以共和、民主的思想终结了两千年的帝国制度，那么实际迅速瓦解大清王朝体制和政权的人，无疑是手握枪杆子的各地军阀们。

中国古代封建王朝的特征是高度集权和官员代理，这就决定了王朝"集权之外必须授权，授权之外必须控权"，而帝国的控权之道，不外官职的升迁罢黜以及对军队的绝对掌握。文武张驰，不可偏废。而当军队地方化、私人化、集团化后，国家就会失去对官僚集团控制的强硬手段，那么内乱必起。正如东汉末年曹操在看到大司马何进准许地方带兵干预朝廷之事时说的一句话："乱天下者，必何进也！"

大清王朝与太平天国的战争中，其正规军（旗军）屡战屡败节节退却，不得不扶植并依靠汉族官僚集团和他们的地方武装平定动乱，虽然曾国藩以个人之德能控制了局面，并使清朝得以中兴，但原先地方不掌军的体制却被破坏，清廷虽于后进行裁撤打击，但终究覆水难收，所以清廷的苟延得力于让地方掌军，清廷的覆亡也是得自于地方掌军。

慈禧让马新贻任两江总督，无疑是希望他能消除地方之军，马新贻受命力挽狂澜，执政期间不可谓不努力，但最终还是未斗过地方势力，以总督身份被刺身亡，其实无论幕后主使是谁，都说明清廷已积重难返，清廷自此再无振兴之象，四十年后，大清灭亡，推翻者虽为革命党人，但当时清朝各地到底有多少军事势力，没有人能数得清了。

杨乃武与小白菜案

第四部分

余杭丽人小白菜，家贫难嫁如意郎

在晚清四大奇案中，杨乃武与小白菜案算是流传最广和影响最大的案件了。

杨乃武，字书勋，一字子钊，因排行老二，人称杨二先生。浙江余杭人，道光二十一年（1841年）生于浙江杭州市余杭镇澄清巷。其父杨朴堂以种桑养蚕为生，家道小康。家世以种桑养蚕为业。

杨乃武自小聪慧过人，二十多岁考取秀才，三十三岁考中癸酉科举人，其为人耿直，爱打抱不平，曾在县衙照壁上书写"大清双王法，浙江两抚台"一联，讽刺余杭知县刘锡彤贪赃枉法，与官府结下怨仇。

杨乃武与小白菜案发生于1873年，地点便是浙江余杭仓前镇。"小白菜"本名毕秀姑，生年不详，一说属马，出生于秋季，应该比杨乃武小十岁以上。关于她的身世有不同的说法，有人说她是太平军战士的女儿，太平军败后从南京逃难到余杭，父亲死后由母亲王氏抚养，也有人说她是余杭仓前毕家塘人，从小死了父亲，母亲改嫁给小贩俞敬天，秀姑随着母亲到了喻家。小白菜渐渐长大，出落得越来越水灵，她皮肤白净，容貌清秀，是一位白皙美貌的女子，平日喜欢穿白色上衣和绿色裤裙，人们称她为"小白菜"，意为清秀可人。但继父俞敬天却并不喜欢王氏带过来的这个女儿，而母亲王氏也不能为她作主。她后来嫁给了豆腐店的帮工葛品连，在古代中国，女人嫁给丈夫就要随丈夫的姓，所以

余杭古建筑

她也被称为"葛毕氏"。

俗语有言"上有天堂，下有苏杭"。苏杭二州自古繁华胜地，人称"烟柳繁华地，温柔富贵乡"，余杭位于杭州以西，地处浙江省北部，位于杭嘉湖平原和京杭大运河的南端，是长江三角洲的核心地带，是"中华文明曙光"——良渚文化的发祥地，素称"鱼米之乡，丝绸之府，花果之地，文化之邦"。

仓前镇位于余杭中部，在南苕溪东岸，余杭塘河穿镇而过。西邻余杭镇，南接闲林镇，东临五常乡，北与良渚镇、瓶窑镇毗邻。这里风景如画，交通便利，是稻米的重要集中地，昔日南宋临安粮仓就建在这里。由于是交通要道，这里商铺林立，车水马龙，十分热闹。

小白菜天生丽质，乃余杭仓前镇上一有名丽人，余杭一带物产丰盈，娱乐业自古发达，小白菜天生丽质，走到哪里都难免招蜂引蝶，又因无依无靠，小白菜总是遭到一些市井无赖的调戏欺负。但她生性并不放荡。因出身低微，她被许配给镇上豆腐店店主葛奉来的儿子葛品连。

葛奉来人称"葛大"，葛品连的小名曾叫"葛小大"。本来葛品连是家中独子，自小也备受宠爱，但后来葛奉来不幸病死，豆腐店也无力维持下去。就在母子二人相依为命的时候，太平军又掳走葛品连迫其加入了童子军。俞氏无依无靠，不得不改嫁给当地一个名叫沈体仁的木匠，但时隔不久，葛品连又从太平军中逃回。继父沈体仁不怎么喜欢他，他小小年纪不得不自谋生路，到一家豆腐店去当了伙计。

葛品连人品老实可靠，就是相貌不佳，长得五短三粗、身材肥胖，与《水浒传》中的"武大郎"差不多。他喜欢上小白菜后，将自己的心事告诉了母亲俞氏。俞氏想儿子一生孤苦，自己身为母亲，总要努力为他完成一桩心愿，于是托葛品连义母冯许氏做媒，前去向俞敬天提亲。本来镇上垂涎小白菜美色的登徒浪子颇多，虽然俞敬天是自己的远房族弟，俞氏也没有抱太大希望。不料俞敬天早就想将小白菜打发出门，竟然一口就答应了。

对于不得继父欢心的小白菜来说，尤其是被许配给葛品连做妻子，她是极不愿意的。她或许出身贫贱，但上天却赐给了她出众的容貌，不少人赞她貌美如花，她总以为自己能嫁个英俊帅气的如意郎君，不想却嫁了个丑汉子。一想到这些，她心里难免有所怨恨了。只是怨恨归怨恨，她一个弱女子，依附于继父过活，她又能怎么样呢？

同治十年（1871年），小白菜十六岁，正如天仙一般。葛品连迫不及待地想迎娶小白菜过门，但俞敬天却想在小白菜身上捞一笔，大肆索要彩礼，葛品连无法满足，四处筹措，幸好他义母冯许氏解囊相助，才凑齐了一笔彩礼给俞家。俞敬天这才答应将继女出嫁。

同治十一年（1872年）三月初四，黄历上是个黄道吉日，小白菜被葛品连娶进了家门，一时间镇上不少人都扼腕叹息，人们纷纷说"一棵好白菜被猪给拱了"，"一朵鲜花插在了牛粪上"，"武大郎娶了潘金莲"等等。

二人成亲后，小日子过得并不美满。葛家房屋也不宽敞，和继父在一起多有不便之处。葛品连又是早出晚归，小白菜还得看其继父脸色，日子过得十分别扭，小白菜便和葛品连商量着要搬出俞家，葛品连知道自己配不上小白菜，对妻子言听计从，于是打算租一处小房子，夫妻二

清代花轿

人搬出去居住，葛品连就告诉了母亲俞氏，俞氏觉得那样也好，免得时间长了闹别扭，也就答应了。

刚好这个时候，距离仓前镇十余里地的余杭县城中有户姓杨的人家新修了临街的几间两层楼房，木匠沈体仁也参与了施工，修好后正打算出租，沈体仁就告诉了妻子俞氏。于是俞氏出面为儿子葛品连租下了杨家两间空屋子，一间居住，一间做饭，屋后还带一小院，可以储放东西，月租金为六百文。

这户杨姓人家，主人就是本案的男主角杨乃武。他家世代居住在余杭，以养蚕种桑为业，家境小康，他自幼勤奋好学，二十多岁时考中秀才，又因为爱打抱不平，经常为邻里乡亲写诉状，是这一带的"讼师"，因其敢于和官府对抗，此时也是余杭县的名人了。

杨乃武与小白菜，有情人难成眷属

杨家是当地富户，家中除了杨乃武和妻子詹氏外，还有杨乃武的姐姐杨菊贞（又称杨淑英），因夫君叶梦堂早早病亡，一直住在娘家。杨菊贞因大杨乃武许多，杨乃武小时由姐姐照看较多，因此姐弟二人感情极为深厚，情若母子。

当年四月二十四日，葛品连和小白菜搬进了杨家的房子里，葛品连和小白菜住的地方靠前，杨乃武一家和姐姐住在后面的大院中，因为两家人住得极近，抬头不见低头见，所以很快就熟识了起来。

做豆腐需要许多工序，极耗时间，所以葛品连每天都要半夜起床去做豆腐，为避免来回奔波，他还常常在豆腐店里歇宿，杨家见小白菜经常一个人在家，便常常邀请她同桌吃饭。小白菜为人也热情勤快，常为杨家做些家务，很招杨家人喜欢，这样一来二去，关系便亲近了起来。

此时杨乃武正当壮年，小白菜美丽的脸蛋和可人的身材整天在他面前晃来晃去，难免不为之遐想，不自然地便想去亲近，所以他对小白菜也非常好，愿意与她呆在一起，于是就借聊天时教她识字读书之际与她更多地接触。而小白菜本就寂寞，除了无奈才嫁的丑丈夫之外，遇到的多是一些以勾引调戏女人为能事的流氓登徒子之流，现在忽然有一个很有名气，且博学多才、长相英俊的男人这样关心和爱护自己，心里就也起了波澜，对杨乃武产生了一种不同寻常的仰慕之情。

于是二人时常以读书诵经、识字练字等借口在一起，享受那种若即若离、似情非情、各揣心事的感觉。

杨乃武为人极具个性，见到不平事就想管，并多次顶撞官府，免不了因此对小白菜吹吹牛，女人大都心仪勇敢和有力量的男人，所以不知不觉间，小白菜那年轻少妇的心已被杨乃武俘获。

还有生活中的一些小事，也增加了二人的感情。虽然小白菜嫁了人，但因为葛品连常不在家，所以仍有一些恶少、流氓见其美色去骚扰调戏她，这时杨乃武便充当了小白菜的守护神的角色，经常出面怒斥那些家伙。杨乃武是当地有名的"刺头"，官府都不敢对他怎样，那些恶少更不敢轻易招惹他，但却由此对杨乃武怀恨在心，便四下散布谣言，说杨乃武与小白菜之间有不正当关系，"羊（指杨乃武）要吃白菜（指

杨乃武教小白菜识字读经时的情景（蜡像模拟）

小白菜毕秀姑）"。

渐渐地，"羊吃白菜"的流言也传到了葛品连耳中。他虽然憨厚木讷，但毕竟也是男人，对此非常生气，就想让二人不再来往，于是话中带话地说给小白菜听，但小白菜比他精明，听其话中有音，便指其无中生有，和他小闹了一场。葛品连也相信自己可能多想了，但之后仍有谣言传到耳中，终究敌不过疑惑之心，就决定要自己打探清楚，眼见为实，他开始突然回家，观察妻子小白菜有没有和杨乃武偷情，但只发现小白菜确实曾和杨乃武呆在一起，不过也只是聊聊天，认个字，并无其他调情的轻薄言语。

尽管如此，葛品连仍无法容忍妻子与另一个男人独处，这时更有人当面戏称他为"武大郎"，还说他妻子是"毕金莲"，气得他一肚子火。再看那杨乃武，不仅相貌堂堂，而且饱读诗书，胜过自己许多，心想小白菜喜欢他也是人之常情，难怪妻子近来对自己越来越冷淡了。

葛品连越想越郁闷，便将这些事讲给了自己的母亲俞氏听。俞氏就去看望儿媳，果然看到小白菜与杨乃武夫妻同桌吃饭，也有点怀疑儿媳妇不守妇道，回到家后竟然将这事说给了邻居，邻居却当笑话说给了别人。于是一传十，十传百，这一带关于小白菜与杨乃武的闲言碎语越来越多。

同治十一年（1872年）九月初八，杨乃武妻子詹氏临盆，一家人正准备迎接大喜之时，詹氏竟然在生产中难产而死，婴儿也未能成活，杨乃武对此十分伤心难过，十一月初三，詹氏死去还不到两个月，杨乃武便续娶亡妻詹氏的亲妹妹詹彩凤（又被称为小詹氏）为妻，并且觉得以前对不住妻子，为了避嫌，便开始刻意与小白菜疏远。

　　但此时很多谣言风传小白菜与杨乃武已经勾搭成奸，不堪入耳的流言飞语也传到了杨乃武耳中，他决定不再与小白菜有暧昧关系，以免误人误己，就借口事情忙，不再教小白菜读书识字，也很少和她聊天。对此，小白菜却以为是杨乃武有了新欢忘了自己，心里很是难过，只能黯然神伤。但为了能见到她心仪的男人，小白菜仍然一如既往地往杨家跑，表面上是找杨乃武的新婚妻子聊天，实际是想和杨乃武在一起，杨乃武发现小白菜看自己那期盼而暧昧的眼神，只恐她越陷越深，况且杨的新婚妻子也对小白菜的心事有所察觉，并且为了堵住外人飞短流长的话语，杨乃武狠了下心，决定不再租房给小白菜夫妻。

　　第二年（1873年）三月，在小白菜夫妻租住杨家满一年的时候。杨乃武让他的姐姐向葛品连讨取已经欠了几个月的房租，并告诉他房租以后要提高到每月一千文，如果要继续租屋的话只能这个价，葛品连交了房租，却无力再租，只好搬家。

　　小白菜也明白杨乃武这样做的原因是想迫使他们夫妻搬离杨家，这也说明他已经不想再见到自己。对于已经深爱杨乃武的小白菜来说，这无疑比那些可怕的流言更令她伤心，她本来是爱慕这个男人，以为终将能从他身上得到自己想到的。然而现在他却无情抛弃了自己，她的心都要碎了。

　　最终，杨乃武也没有回心转意，小白菜夫妇另租了太平巷王心培（俞敬天表弟）家的房子。自小白菜搬走，杨乃武从未去找过小白菜，小白菜也再没有来过杨乃武家，假如没有后来的事，二人就只是彼此生命中的匆匆过客，雪泥鸿爪，如此或许再无瓜葛。

刘子和奸淫秀姑，杨乃武巧治贪官

  杨乃武与小白菜二人都继续着自己的生活，小白菜有没有给别人家做帮工，没有记载，杨乃武家生活殷实，不用为生计发愁，便开始全身心地寒窗苦读，预备参加这一年癸酉科的乡试。

  当年秋季，杨乃武如愿以偿，中了浙江省第一百零四名举人，得以桂榜题名。举人在当时俗称孝廉。中举代表着成为天子门生，已经初步具备了踏入仕途的资格，日后即使会试不中，也有做学官或当知县的机会。尤其对余杭一县来说，杨乃武中举也是一件很有意义的大事，因为他是本县当年唯一中举的人，于是杨乃武一时间又成了轰动余杭一方的人物。

  与杨乃武的春风得意相比，小白菜的处境则日益艰难，离开杨乃

余杭古式民居

武家后，社会上的流氓、无赖又开始调戏她，这让她尤其怀念在杨家被杨乃武关爱和保护时的情形。杨乃武的中举，也让她一度为之高兴和难过，杨乃武高中举人，从此飞黄腾达，但却可能离她越来越远，不由

得在高兴之余又为之神伤，但她没想到的是，患得患失之时，一个更大的灾祸将很快降临到她这个一生不幸的弱女子头上，并且这个灾祸因为人为的嫁接，也将影响到杨乃武的一生。

当时的余杭知县叫刘锡彤，字翰臣，天津盐山县盐山镇人，生于1806年。道光十七年（1837年）丁酉科顺天乡试中举，之后多次会试不中，只好在地方上做起小官，先任山东邹平代理知县，继任浙江丽水知县；同治初，又任余杭县知县，加知州衔。最早时在余杭城外的关卡任税吏，是个九品小官，品级不高，但却颇有实权，掌管着来往客商的船只课税。他借着职务之便，经常对商人横征暴敛，大行敲诈勒索之事。当时杨乃武还是个秀才，因为富有正义感，生性好事，平日看到地方上不平之事，总是好管多说，伸张正义。他对刘锡彤的所作所为很是看不惯，一直想找机会教训一下对方。

正好当时余杭要修桥铺路，杨乃武可能与当时的余杭知县有些关系，要了个采办建材的项目，到杭州府采购基建材料。办完事后，杨乃武又去拜会与自己有师生之谊的杭州知府，以修桥铺路是为地方造福为由，请求老师开了一张州府免税公文。回到余杭关卡时，杨乃武佯称自己是商船，刘锡彤的手下便索要高价税银。杨乃武称要回去取银两，将货船抵押在关卡处。但他却没有回家去取税银，而是将免税公文撕成两半后又来找杭州知府。见面后，只拿出半张公文，谎称另半张被欲扣船敲诈的刘锡彤撕去，剩下的半张还是自己好不容易才抢夺回来的。杭州知府听后勃然大怒，认为刘锡彤撕毁公文，是藐视自己的权威，立即发令将其免职。

刘锡彤就这样丢掉了官职。过了很久，他才知道是余杭秀才杨乃武从中捣鬼，从此怀恨在心，发誓要报复。以致后来他花五千两银子再次捐官时，也选择了要做余杭知县，一个目的就是为了寻找机会对付杨乃武。不过杨乃武多年来为当地百姓做了不少实事，已经是余杭名震一方的人物，又常把官绅勾结、欺压百姓等事编成歌谣。对于这样一个名气很大的秀才，刘锡彤除了说他"惯作谤诗、毁谤官府"外，一时也对他无可奈何。

不但刘锡彤心地不良，他还有个心地更不良的儿子，此人名叫刘子和，是个典型的浪荡子，不但不学无术、游手好闲，还专门招惹是非，以勾引女人为能事，可谓坏事做绝。

　　这刘子和与仓前镇的粮青（管粮的官职）何春芳很是投缘，二人经常一起出游闲逛，见到漂亮女人便一起琢磨要怎样弄到手。有一天，刘子和与何春芳在街边溜达时，偶然看到了小白菜，刘子和顿时惊为天人，不由得当即哈喇子就流下来了。何春芳说这女子容貌之俏丽可为余杭县之首。刘子和目不转睛地盯着小白菜，下定决心要把小白菜弄到手。

　　其实何春芳也想占有小白菜，他早就认识小白菜，以前也主动套过近乎，但几番调戏下来，除了被骂过几通外，没得到任何好处，便只好死了心。但这刘子和却不知小白菜的脾性，况且他想要得到女人时，不只是调戏一番试探下行与不行就完事的，他是不择手段，一定要尝到鲜才可以。

　　于是刘子和费尽心机地策划了一番，他指使家中一名佣妇去结交小白菜，然后又让她将小白菜诱骗出来，吃东西时用下迷药的方法迷倒了小白菜，接着刘子和就强暴了她。小白菜醒后又气又恨，但却因顾及脸面，又畏惧刘子和的权势，不敢声张，只能将苦水往自己肚子里咽。回到家后，丈夫葛品连看到她神色不对，问她怎么回事，她怕说出去会遭丈夫打骂嫌弃，也就没有说出来。

何春芳行淫未遂，葛品连一命呜呼

　　不过事情还没有就此完结，数日后，诱骗小白菜的佣妇将刘子和强暴小白菜的事告诉了熟人阮桂金,这个阮氏女人有个叫阮德的弟弟在县衙当捕役,而阮桂金正好与粮青何春芳有奸情,二人偷情时,阮桂金又无意中将此事告诉了何春芳。

何春芳一听很是气愤。当天他与刘子和同时在街上看到小白菜,都很是心动,不料这刘子和竟然不声不响地抢在了自己前头下手,并且还得了手。他越想越气,出门便直奔小白菜家而去,刚好房东王心培夫妇都不在家,何春芳见到小白菜后,上前就要抱住她亲,被小白菜骂着推开,何春芳就以她被刘子和强奸之事要挟小白菜就范。小白菜听了大惊,顿感仓皇无助,不知道该怎么办才好。正当何春芳上前要强暴小白菜之际,葛品连意外来到家中。看到这样的情形,葛品连这个老实人也终于忍不住了,大骂何春芳,要与他拼命,何春芳赶紧灰溜溜地逃走了,但走前说出了小白菜被刘子和强暴的事,借以转移葛品连的怒火,并以这事嘲笑他。

葛品连顿时气得坐到了地上,他虽然怒火中烧,但想了半天,也不敢去找刘子和理论,却怪小白菜不能守贞,于是站起来,将满腔怒火出在小白菜身上,对她又打又骂,并且老账新账一起算,将她当初与杨乃武暧昧的事又重新提了起来。小白菜从没见过老实巴交的丈夫变得如此面目狰狞,当即就吓得傻了,只能哭泣不已。从此以后,葛品连也不再对小白菜照顾呵护,而是看不顺眼就喝骂不止,有时还拳打脚踢,小白菜只好逆来顺受,毫无办法。

之后不久,葛

清代豆腐坊制作情景(蜡像模拟)

品连有一次出门前让小白菜腌菜，回到家发现菜还没有腌，气上心头，就骂小白菜，小白菜想说明理由，葛品连却不想听，抓住小白菜打了几下。这一次，小白菜忍无可忍，就跑到屋里抓起剪刀，说要绞掉自己的头发去当尼姑。幸好二人的母亲俞氏和王氏闻讯赶来，劝阻了小白菜。经过双方家长于中说和，葛品连也有些后悔，二人又和好了。

这年的农历十月初七，葛品连从豆腐店回家后，突然感到浑身乏力，忽冷忽热，并且双膝红肿，走路沉重。他本来一直患有流火病，在小腿部位，小白菜认为是旧病复发，劝丈夫请假在家休息两天，但葛品连迫于生计，照旧到豆腐店上工。

流火病又称丹毒，是一种累及真皮浅层淋巴管的感染，常表现为皮肤溃疡和败血症。中医学认为，丹毒的病因以火毒为主，可由风湿热诸邪化火而致。其中发于颜面者，又称抱头火丹或大头瘟；发于下肢者称为流火；发生于新生儿或小儿的丹毒，称赤游丹或游火。

葛品连的症状表现应该是小腿部位的溃疡。这也是由病毒引起的发炎，皮肤上的任何炎症，尤其是有皲裂或溃疡的炎症为致病菌提供了侵入的途径，轻度擦伤或搔抓、头部外伤、不清洁的脐带结扎、预防接种和慢性小腿溃疡均可能导致此病。致病菌可潜伏于淋巴管内，引起复发。

流火病前驱症状有突然发热、寒战、不适和恶心。数小时到一天后出现红斑，并伴随进行性扩大，界限清楚。患处皮温高、紧张，并出现硬结和非凹陷性水肿，受累部位有触痛、灼痛，常见近卫淋巴结肿大，伴或不伴淋巴结炎。也可出现脓疱、水疱或小面积的出血性坏死。好发于小腿、颜面部。丹毒的复发可引起持续性局部淋巴水肿，症状表现就是肢体局部肿胀，如果不能及时和有效治疗，将会破坏淋巴系统的正常功能，危及患者的生命。

因为葛品连的忽视，他的小腿流火病变得严重了，到了十月初九早上，正在豆腐店干活的葛品连突然身体不适，便向店主请假回家，一路上不断哆嗦发抖，还多次呕吐，当时他继父沈体仁正在路边大桥店内吃早茶，看见葛品连病恹恹的，走路都十分困难，知道他是流火病复发，他本就不喜欢这个继子，也就没有叫他。葛品连路过点心店时，还买了一个粉团，边走边吃，吃完后还没走到家就又呕吐了出来。他两手抱肩，竭力支持，终于摇摇晃晃地走到了家门口。

这时王心培妻子正在门口，见葛品连走路困难、浑身发抖、不停地呻吟着，知道他病得厉害，急忙喊小白菜出来扶他上楼。小白菜将丈夫扶回房间，给他脱掉外衣，让他躺下。又因为葛品连一直喊冷，就给他盖了两床被子。小白菜要去给他找大夫，葛品连却不让，他觉得是流火病发作，休息下就好，便让小白菜拿了一千文钱去托岳父俞敬天代买桂圆和东洋参煎汤，补补身子。药买来后，小白菜煎成汤给丈夫服下，但病情不但没有好转，反而愈见沉重。小白菜急忙托王心培的妻子去通知母亲王氏来帮助照料。王氏赶来时，葛品连仍然卧病在床，抖个不停，呕吐不止。她帮助小白菜照料了半天，又安慰了几句，因家里有事就自己回家去了。

葛品连睡了一觉，却未见好转，到了下午，他开始觉得胸口发闷，不停地口吐白沫，已经无法回答小白菜的问话。小白菜急得不知怎么办才好，赶紧托王心培夫妇去找母亲王氏和公婆俞氏。众人赶到时，葛品连目光直视，双手不断在胸口乱抓，只是张不开口，说不出话来。这时候，众人才想起去请大夫。大夫来后，看葛品连症状，诊断后说是患了痞症，要用土办法万年青、萝卜子煎汤灌救。

痞症一般指胃痞病，中医说是指心下痞塞，胸膈满闷，触之无形，按之不痛、望无胀大，得食则胀，嗳气则舒。此症多为慢性起病，时轻时重，反复发作，比较难治愈。发病和加重常与饮食、情绪、起居、冷暖等诱因有关，乃中焦气机阻滞，升降失和而成。

此症与葛品连的流火病基本没有关系，葛品连的表现基本是流火病的后期症状，但他们请的这位大夫可能医术不精，没有照流火疾去医治，不对症下药，必然不能有好的疗效。于是在将药汤给葛品连灌下去后，他依旧昏迷不醒，撑到傍晚，终于气绝身亡。

众人悲痛欲绝，然而哭过之后，就要商议如何操办后事。商议的结

晚清四大奇案之谜

【第四部分】杨乃武与小白菜案

果，是将尸体停放两天后再出殡。俞氏爱子心切，哭着给儿子擦洗了身子，并换了干净衣裳。因为大夫诊治在先，尸体也没有任何异常，在场众人都以为是痧症致死，并没有什么疑问。

对于丈夫的死，小白菜也很悲痛，觉得自己没有尽心照顾丈夫，心下也很愧疚，就哭个不停。但她完全没有想到的是，一场带给她更悲苦命运的灾祸，正要降临到她的头上。

俞氏报案疑死因，陈湖信口谤他人

葛品连死后的第二天，也就是十月初十的晚上，尸体的口、鼻内开始有淡淡血水流出，这本是流火病患者死后的正常情况。据《洗冤录》记载，流火最忌桂圆，服之口鼻流血足以致死。《洗冤录》，宋朝法官宋慈所著，是世界上第一部系统的法医学著作，总结了历代法医的宝贵经验，内容非常丰富，记述了人体解剖、检验尸体、勘察现场、鉴定死伤原因、自杀或谋杀的各种现象、各种毒物和急救、解毒方法等十分广泛的内容；它记载的洗尸法、人工呼吸法，迎日隔伞验伤以及银针验毒、明矾蛋白解砒霜中毒等都很合乎科学道理。成书后就成为审判官和

古籍中的宋慈像

仵作们必读之书，书中所讲的很多方法至今还在应用。

因为不懂葛品连死于何病，葛品连母亲俞氏见后疑心大起，叫冯许氏过来仔细查看，二人发现尸体发青，口鼻确实有血水流出，联想到葛品连死前双手不断在胸口乱抓的惨状，开始怀疑他是中毒而死。二人就叫来小白菜盘问，小白菜一听她们说葛品连是中毒而死，吓了一大跳，又见她们想将中毒之因推到自己身上，更是大惊，就坚称葛品连是病死，绝没下毒，但俞氏觉得其子已死，她与小白菜的婆媳关系已名存实亡，想想这个小女人这么年轻，以后必将改嫁，不由心下一阵反感，又因儿子暴毙，心中悲痛，就想治治这个小女人，于是就诬称是小白菜毒死了葛品连，要将其送官治罪。但小白菜号哭连天，直说没有下毒，是他们诬赖好人，并说让他们找官府来证明。

当下俞氏与众亲友商议，决定请官府前来验尸，如果不是中毒就入殓出殡，如果是中毒致死就追究凶手。俞氏为此请来了仓前镇地保王林。王林查看过尸体后，也认为可能是中毒迹象，支持俞氏告官，这下俞氏如得到了保证，赶紧请人写好了呈词。呈词中只说葛品连死因不明，请求官府验尸，并未提及其他人。次日一大早，便在王林的陪伴下向余杭县衙递交了呈词。

余杭知县刘锡彤接到呈词后，让人召来门丁沈彩泉和仵作沈祥，准备带领一班衙役前去王心培家验尸，看是否是凶杀案。世上很多事情都是巧合形成的，偶然间的一些小事，往往能改变一些事情的发展趋向。就在众人正要出发的时候，应约来给刘锡彤看病的陈湖来到了，陈湖字竹山，本是个秀才，因为懂得一点医道，时常到县衙给人看病，以求巴结些官员。此时这个人与刘锡彤关系已很亲密，可说是无话不谈，他来到后，刘锡彤正要出门办案，就说他来的不是时候，陈湖问刘锡彤要去办何案，刘锡彤便对陈湖讲了葛品连死状的蹊跷。陈湖听后想了想，却如获至宝地兴奋起来，拉住刘锡彤大谈街头巷尾听来得早前关于葛品连妻子小白菜与新科举人杨乃武"羊吃白菜"的风流韵事。

这陈湖为人心胸狭窄，虽曾与杨乃武同为秀才，却对其好名声颇为

余杭古式木建筑

嫉妒，而且两人为人处世的观念很不相同。杨乃武不与官府为伍，以批评官府、为民做事为能，而这陈湖则以巴结官府捞些好处为追求，他的行径不免为杨乃武所不齿，所以平日就已经与杨乃武不和，还曾经被杨写诗骂过，早就对其怀恨在心；何况杨乃武近期又新中举人，而自己却名落孙山，这更令他妒火中烧，觉得这下可逮着了机会，便不遗余力地诽谤杨乃武，恨不得要将小白菜与杨乃武那点捕风捉影的传闻说成是他亲眼看到的。

陈湖一番绘声绘色的话，更令刘锡彤兴趣大起，他本就与杨乃武有仇隙，一直在找机会整治他，立即便觉察到这是个好机会，就不断追问更多细节。陈湖见刘知县如此用心，更加滔滔不绝，随意添油加醋，只求能一下子将杨乃武置于死地而后快。

于是陈湖又提到说当时葛品连搬离杨家，一是为避嫌疑，一是避免杨毕二人再行私通，但从此夫妻失和，一次打架后小白菜还要出家，又说葛品连年纪轻轻，竟然暴死家中，内中肯定另有别情，还说全县城的人都认为是杨乃武与小白菜合谋下毒将葛品连害死的。

二人你讲我听，不断地丰富"案情"、完善细节，两个时辰后，一个类似于潘金莲伙同西门庆毒杀武大郎的案子便新鲜出炉了。

县令嫁祸杨乃武，仵作难判葛死因

刘锡彤送走陈湖，带着一干人赶到了王心培家。见到了哭得尤如雨后梨花般的小白菜，直叹该女子实是美艳，刘锡彤年近七十，即便好近女色，也是力有不逮，就赶紧让人查看葛品连尸体，他一看尸体的样子，便知葛品连生前也是个极丑陋的人，实在配不上小白菜，心里对该案乃与陈湖讲述的潘金莲、武大郎、西门庆的故事相类一说又相信了几分。

十月的江南天气尚热，葛品连的尸体已放两天有余，开始腐烂发臭，尸身变为淡青色，肚腹开始水肿发胀，有不少大水疱，口鼻内有淡血水流出。据历代法医用作参考的《洗冤录》中对中毒者死后特征的记载是："牙根青黑，七窍流血，嘴唇翻裂，遍身小疱。"葛品连尸体情况与《洗冤录》中记载虽有相似之处，但不同之处更多，如葛品连牙根并不青黑，只有口鼻两窍流血水，嘴唇并不翻裂，没有遍身小疱，只肚腹部位有大疱。仵作沈祥不敢认定葛品连为中毒而死，便又决定用银针判断。

沈祥掏出银针，没有擦拭清洗，便将银针探入尸体咽喉，取出后不久银针变为了青黑色，随即用皂角水擦洗银针，青黑色并未消失。这一点，却是符合《洗冤录》中"用银针刺喉，银针变暗擦之不去"的记载。

由于两种症状有所矛盾，仵作沈祥一时也不能确定死者到底是不是

中毒而死，但县令刘锡彤一直在旁催促，沈祥想了想，觉得可能自己对中毒死亡的情况判断不精，但银针试探应该不会错，就有些含糊地说可能是中毒而死。

其实在现代看来，银针试毒是不科学的，这种方法有灵的时候，也有不灵的时候。而在古代，古人所指的毒主要是指剧毒的砒霜，化学名字叫即三氧化二砷，由于古代生产砒霜的技术落后，致使砒霜里都含有少量的硫和硫化物。其所含的硫与银接触，就可起化学反应，使银针的表面生成一层黑色的"硫化银"，这样银针看上去就成了黑色。到了现代，生产砒霜的技术比古代要进步得多，提炼很纯净，不再含有硫和硫化物，而银这种金属的化学性质很稳定，在通常的条件下并不与砒霜起反应，所以用银针试现代的砒霜，就不会变黑了。

另外，有的物品并不含毒，但却含许多硫，比如鸡蛋黄，银针插进去也会变黑。相反，有些很毒的物品，但却不含硫，比如毒蕈、亚硝酸盐、毒鼠药、氰化物等，银针与它们接触不产生化学反应，所以不会变黑。因此，银针不能鉴别毒物，更不能用来作为验毒的工具，古人用银器验毒是受到历史与科学限制的缘故，只在含硫砒霜中比较灵验，但遇到其他含硫的无毒的东西，同样也会变黑。

余杭县令刘锡彤一听沈祥说"中毒"二字，心下大喜，便要沈祥确认，沈祥却说不敢十分确定，刘锡彤不由得十分着急，这时门丁沈彩泉也说肯定是服毒而死，让沈祥照此写判断结果，他因为从旁听了陈湖的长篇大论，也先入为主地认为葛品连是中了砒霜剧毒，认定是沈祥搞错了。沈祥还想争论，见二人都期待他确定是服毒而死，又想到沈彩泉是刘知县身边的红人，料到其中必有缘故，便识相地让步了，于是就向刘锡彤报告说死者是服毒而死，不过沈祥也耍了个小聪明，他并未明确指明是中什么毒，只说是"服毒而死"。

不管怎样，刘锡彤算是得到了想到的结果，可以就此做他想做的事了，就立即传讯原告葛品连母俞氏，问她死者之前吃了些什么，饮食由谁负责。俞氏说了大致情形，并着意说其子死前只有儿媳妇小白菜在跟前服侍，也就是说，只有小白菜有下毒的可能。

刘锡彤要的就是这样一个结果，由于沈祥也说了葛品连是服毒而死，他心里也就更加肯定小白菜就是凶手，就让人把小白菜叫来，直接就说成是她毒死了葛品连，要她交代毒死丈夫的实情。

根本没有的事情，小白菜哪里肯认，于是她矢口否认，刘锡彤还强指她是凶手，她便对天发誓说根本没有下毒。

无奈刘锡彤已认定她是下毒凶手，况且还要用她来治杨乃武，哪里会听她的话，只命人将她带回县衙再加审问。

小白菜身陷囹圄，何春芳欺诈粮民

小白菜此时不过十六七岁，可怜她这样一个小小的弱女子，就这样莫名其妙地身陷囹圄。她更不会想到，她这次一进大牢，一蹲就是三年，而且这期间经受了种种酷刑，情状之惨烈，难以形容。当然她更没有想到，她将因为一纸酷刑逼供的供词，把她曾经十分仰慕的男人也卷进了这场奇冤大祸。而这些，她却又完全是身不由己。

不过在此时，她虽然惊惶，心中并没有完全绝望，因为她认为自己并没有下毒杀夫，她还在相信官府，以为事情很快就会弄清楚，还她一个清白。

第二日，刘锡彤升堂审案。他早布置好了案情，并且认为很快就能侦破这起奸夫淫妇下毒谋害亲夫案，因而一上来就威逼小白菜交代毒死丈夫的情形。小白菜大呼冤枉，坚称自己毫不知情，既不知道丈夫是服

清代官员审案情景

毒身死，也不知道毒药从何而来。

刘锡彤审问了一上午，案情依然毫无进展。他有些着急起来，终于忍不住直接问起小白菜与杨乃武的关系来。

小白菜闻其言后怔了一下，想不透这和杨乃武有什么关系，便问道："杨二先生和我有什么关系？我们很长时间没见过面了！"

刘锡彤叫道："胡说，你这个小女人嘴还挺硬，你和杨乃武做的好事，全县人都知道，你还想糊弄本官么？快说，你是怎么和杨乃武串通一气，将葛品连毒死的？"

小白菜说："我们早不来往了，怎么可能串通一气？杨二先生也是好人，我们怎么可能会毒死我丈夫？"

所谓欲加之罪，何患无辞。即便无辞，想加的人也可以创造一些言辞和证据出来。刘锡彤本就欲栽赃杨乃武，又经沈祥查验葛品连尸体后认为是毒死，自己也开始觉得定是小白菜勾结杨乃武毒死了丈夫，因为以前的仇怨，他急切地想将杨乃武拉进本案中来，所以无论和杨乃武有没有关系，他都是铁定了要挂上杨乃武，好将他治罪报仇。

刘锡彤为什么这么恨杨乃武，非要将其置于死地呢？其实不只是杨乃武早前曾害刘锡彤丢过官，还有较近的一件事，使二人在旧恨之上又添新仇。原来在早前杨乃武害刘锡彤丢官后，刘锡彤发誓报仇，后来刘锡彤当上余杭知县后，和杨乃武又有过一次交手，结果刘锡彤又没有占得便宜，还落了个"一手遮天"的恶名，因此更恨杨乃武了。

这件事情大致是这样的：余杭一带盛产稻米，仓前镇则是这一带粮米比较集中的地方，清朝时，官府征收粮米的陋规极多，引起人们的不满，杨乃武就出头和官府对着干，因此又得罪了官府。

　　说起来这事和先前提到的仓前粮青何春芳还有关系，何春芳是仓前镇管粮的官吏，此人用尽了坏心思来多收老百姓的粮，多收的部分则归了自己，所以其家豪富，能跟县太爷的公子勾搭在一起做坏事。

　　何春芳是怎么做的呢？只按当时官府收粮单位官员的普遍做法来看，便可知一二，当时主管收粮的人量米的时候，所用的斛就很有猫腻。斛是古代量米的容器，一斛为五斗，约合现在的七十斤左右。过去漕船通过运河把漕粮运到京城去，要检查数量，就是用这种官斛来称量，叫做"起米过斛"。过斛时，斛头要用拉长声的腔调报数，叫做"唱斛"。过去在漕运码头上，有"唱斛之声相闻，米浪之景时见"之说，指的就是起米过斛与扬晒漕粮的情景。

　　斛是朝廷发下来的，故曰"官斛"，本来这斛是有标准的，上级官府发给下级的斛，都是合格的，但到了收粮官员的手里面之后，它很快就变得不合格了。如果官斛是木制的，粮青等收粮官为了多收粮食，会用刨子将斛帮和斛底削薄；如果是铜制或铁制，就用硬物将斛壁和斛底撑大，使之能盛更多的米。这样单验一斛，便会多出一两升米。

　　不仅斛被做了手脚，将粮食装斛和刮斛的时候也大有学问。粮官要想多收粮食时，便会穿上一双一脚能踢死牛的包头厚底纳帮靴，老百姓交纳粮食时，将粮食放进斛里，再称重，计算自己完成的粮食份额。其谷堆要按尖堆型装起来，这时会有一部分超出斛壁，然后由收粮官用脚踢上三脚，稻米高出的部分会被震到地上，斛里的则米则更密实，这叫做"脚踢淋尖"，这样一斛又能多收两三升，而这溢出来的稻米，收粮官称其为"耗米"，据说是为弥补储存和运输过程中的损耗用的，不许纳粮人扫回去。"耗米"其实一向都由官府留下，按职务高低、亲疏关系等私分了。

　　再说刮斛，其奥妙全在刮板上。稻米装进斛里以后，上面尖了出来，用脚踢了以后，沉下了一些，但还是不平。这时候，就要用一块刮板沿着斛口轻轻一刮，粮食平于斛沿。如果要真的体现公平公正，那刮

晚清四大奇案之谜

【第四部分】杨乃武与小白菜案

板应该是平直的。可是斛头手里的刮板，看似平直，实际上是月牙形的。他要想少收你的粮食，便将弯度朝上，刮出的斛面便是凹形的；如果他想多收你的粮食，将弯度朝下，这样刮出的斛面是凸形的；除非你是他为数不多的亲戚朋友，否则他们怎么会去少收呢？所以单这一种方法，绝大部分交粮的人又是被他们多收了的。

这样算来，老百姓交一斛粮食，便会被收粮食的官员多收五六升左右，而收粮管粮的人是往大粮库里送粮，常常是几十万、几百万斛地去收，按一百万斛去算，粮官便能多收五六百万升，这些多收的粮食哪里去了呢？当然是进了收粮官的腰包。

到了清朝后期，朝廷意识到收粮的这些积弊，于是明令禁止"脚踢淋尖"等行为，且耗米准由粮户扫取，这样一来，收粮官那样的做法就属于非法了。但由于何春芳等人霸道，唯独仓前镇积弊照旧。由于受欺负的都是些中小粮户，他们抗争无用，都叫苦连天。性情耿直、嫉恶如仇的杨乃武看到后很是不平，不但代他们按国家标准交粮米，还代他们写状子，向衙门控告粮青何春芳等人多收粮食，请求官府剔除钱粮积弊，减轻粮户额外负担。

刘锡彤一看是杨乃武来告，立即就一肚子火，一看告的是何春芳多收粮的事，火就更大了，原来这何春芳每年都会将多收的部分粮食转换成银票对刘锡彤进行贿赂打点，何春芳与刘锡彤早就熟识，这也是为

清代官斛

什么刘锡彤的儿子刘子和与何春芳常沆瀣一气玩弄女人的原因。这两家一起发财，岂会容忍杨乃武断了他们的财路？

于是刘锡彤叫来何春芳，二人一番商定，决定反咬一口，控告杨乃武有意鼓动农民抗粮不交，代农民包交潜米是为了从中牟利。商定完毕后刘锡彤立即传讯杨乃武，要将其治罪，不料杨乃武口才极佳，他据理力争，有理有据，滔

滔不绝地指责何春芳的不法行为，说何春芳是贼喊捉贼，何春芳等人说不过他，结果被杨乃武驳得体无完肤，抬不起头来，杨乃武还指桑骂槐，暗指刘锡彤包庇何春芳，当官不为民只为钱，害得刘锡彤颜面扫地，但刘锡彤又没有办法治杨乃武的罪，最后强鼓当官的威风，只说杨乃武"吵闹公堂，目无王法，面加斥逐"。

刘锡彤没能治罪杨乃武，更不会治罪何春芳，粮青何春芳的收粮舞弊行为照旧进行。杨乃武气不过，就写了一副对联"大清双王法，浙省两抚台"，半夜贴在了县衙墙上，矛头直指刘锡彤一手遮天，贪赃枉法。

这件事后，知县刘锡彤和粮青何春芳都对杨乃武恨之入骨。但杨乃武有才又有好名声，始终没有什么把柄落在他们手中，现在又高中了举人，成为天子门生，要加害更是难上加难。不料天下掉下来个葛品连不明身死的事件，他们觉得这是最好的可利用来报复杨乃武的机会。

刘锡彤暗使手段，小白菜屈打成招

无论刘锡彤如何威逼利诱小白菜交代与杨乃武的私情，小白菜只承认自己与杨乃武不过是房东与租客的关系，别无私情，指天发誓说杨乃武和自己均与丈夫葛品连的死无关。刘锡彤反复询问所谓奸情，却始终问不出头绪。他再也忍耐不住、正准备下令对小白菜用刑之时，一旁的捕役阮德示意他先别用刑，刘锡彤便下令退堂再议。

回到后堂，阮德向刘锡彤说出了他的儿子刘子和曾经诱奸过小白菜的事，刘锡彤不由得吓出一头冷汗，想到若小白菜当堂指认其子强奸过她，他真不知该怎么收场，于是将刘子和叫了过来，大骂了一顿，刘子和却付之一笑，不以为然。

刘锡彤知道儿子的品行，也不再责问，让他把何春芳叫来议事，何春芳来到后，三人决定尽快让小白菜咬出杨乃武，便如此这般地商议了一番，之后分头行事。

当天晚上，刘子和、何春芳派阮桂金到监狱中诱骗小白菜说："葛品连是被毒死的，验尸已经明确，外面都传说是你谋杀亲夫，罪名一成立，你就要被凌迟处死。我是可怜你，过来给你指条明路。你要想活命，只有说是别人叫你毒死的。这样你就是被迫的，能免死罪，你以前在杨乃武家住过，外面早就说你和他有关系，不管有没有，只要你说出是杨乃武叫你下毒的，你就不是死罪了。"

小白菜听出阮桂金是想让她咬出杨乃武，然后再害死他，心里哪里肯做，只斥她道："你快走吧，什么也别说了，这事和杨二先生有什么关系？连我都是冤枉的，他们要害死我，就让他们下手吧，我是不会牵扯上杨二先生的，我死都不会那样做，你快走吧！"

阮桂金说："你这个小娘子，怎么这么傻呢？你要不说，他们就会对你动大刑了，你知道么，那样你就会生不如死啊，想死都不能，再说了，你就是说出杨乃武，因为他是新科举人，是天子门生，他怎么会死呢？他犯了罪，也不过就是把举人的头衔革掉罢了，他那么有才华，明年再考还是举人，这样，你就能保住小命了啊。"

小白菜当然不想死，听了她这些话，心里就犯起了犹豫，阮桂金见有了效果，接着又恐吓小白菜不得说出刘子和之事，说不然就要让她罪上加罪，县太爷可能会杀她灭口。小白菜见她又提起这事，又羞又恼，又恐真被灭口，只捂嘴痛哭。

第二天堂审，刘锡彤依旧先行逼问小白菜与杨乃武奸情和两人下毒致死葛品连的事，小白菜深怕连累到杨乃武，直说那是根本没有的事。刘锡彤见小白菜实在不上套，就叫人对她动刑。小白菜开始时还是不说，但后来刑罚实在太残酷，痛得她死去活来，只求速死。

据《申报》记载，这次刑罚不但用到了拶刑（夹手指的刑罚），甚至还有传说中最为恐怖的"烧红铁丝刺乳，锡龙滚水浇背"，即用烧红的铁丝刺穿女犯人的乳房，将滚烫的水浇在犯人背上。酷刑让小白菜几次昏死过去，求

清代监狱中的犯人

生不得求死不能，醒后终于熬刑不过，抛开了一切，按照阮桂金教的话招认了，之后刘锡彤让人整理了案情，经过他和何春芳等人的策划编排，以其口吻所写的供状案情大致如下：

先前因租房住到杨家，杨乃武便多次调戏我。同治十二年（1873年）九月二十八日傍晚，丈夫不在家，杨乃武又来调戏我，我拗不过他，和他睡在了一起。此后，杨乃武对我很好，我也喜欢上他，一有时机，我们便行苟且之事，次年我的丈夫搬离杨家后，我们仍有来往，但不巧被我丈夫察觉。八月二十四日，丈夫以我未按他的要求腌制咸菜为由，把我打了一顿，我很伤心，丈夫走后，杨乃武过来劝慰我，看我受委屈，便说要娶我为妻，我不敢答应，但也很想和他一起过日子，又怕葛品连再打我，不知怎么办好，杨乃武就劝我毒死丈夫，并说娶我过门后会与他原配妻子的地位一样，不分妻妾和大小，他接着又说了许多好话，我就应承下来。十月初五日，杨乃武偷空来到我家，交给我一包砒霜末，嘱咐我寻机下手。十月初九日上午，丈夫因流火疾返家，他想要东洋参和桂圈煎汤服用，我就在煎汤时将砒霜倒入汤中，丈夫吃下就死了。

杨乃武被抓入狱，杨昌浚错判冤案

  小白菜招供时，已经是十月十一号的晚上。刘锡彤终于等到供状，心花怒放之下，不顾夜色已深，赶紧派捕役阮德带人去抓捕杨乃武。

  此时杨乃武一家人已经睡下，被阮德敲门惊醒，以为发生了什么事，刚一开门，一帮人进去就将杨乃武五花大绑了起来，随即将他押到县衙门。刘锡彤不顾年事已高，坐在堂上等着审问，其实问什么他早已想好，无非将其罪名坐实。

  杨乃武莫名被抓到县衙，非常恼火，他本来脾气就犟，见到刘锡彤就大声质问，刘锡彤有些心虚，但不得不装模作样，质问杨乃武与小白菜通奸并以毒害人之事，杨乃武根本没做过，当然坚决否认，还对刘锡彤厉声问责，说他派人半夜强闯民宅，拘系举人，有违大清律例，他会吃不了兜着走。

  刘锡彤知道杨乃武是个刺头，以前两次交手都没占过便宜，只怕他又整出其他事来，便想赶紧将他下狱，就拿出了小白菜的口供，说杨乃武是致死葛品连的买毒凶手，杨乃武一听是因为小白菜，就吃了一惊，衙役把供词拿到他的面前，他大略看了一看，就暴跳如雷般怒斥刘锡彤凭空诬陷，说这不是真的，还说他的这种行为，一定会被追查丢官的。

  刘锡彤见杨乃武根本不把他放在眼里，很是恼火，便想让人将他毒打一顿，但杨乃武已考中举人，是有功名的人，清朝制度规定对有功名之人不得施加刑罚。所以刘锡彤拿杨乃武一时没有办法，只好将他先押入大牢，等将他免去功名再说。

杨乃武当晚便被投入大牢关了起来，他十分气愤，但这时他仍然和小白菜当初被关进来一样，相信自己是被冤枉的，自认为不久就能走出大牢，因为他看到了小白菜供词中有"十月初五日杨乃武亲自交给我砒霜"一说，而刚好十月初五那天，他并不在余杭城内，一旦有人证明，他就能脱身了。

那日杨乃武去做什么了呢？原来他去了岳父家，当时杨乃武岳父詹耀昌刚刚病故，下葬后并未除灵，因为其膝下无子，打算将詹耀昌兄长的儿子詹善政过继给詹耀昌为继子，并定好十月初三除灵，十月初五举行过继礼。所以杨乃武先于十月初二赶到杭州城办理中举事宜，因为清朝规定中举者须在张榜后两三个月内办理确认和报到手续，否则将视为弃权处理，杨乃武在杭州住了一晚后，初三离开杭州城，当天直接赶往南乡岳父詹耀昌家祭奠，与他一同前往的还有监生吴玉昆（詹耀昌的干兄弟）、沈兆行、孙殿宽等人。此后的初四和初五日，杨乃武一直都在岳父家帮着忙活。十月初五举行詹善政的过继礼时，在场的人有杨乃武、吴玉昆、沈兆行、孙殿宽、杨乃武的堂兄杨恭治等，这些人都在过继书中画押作过证。直到十月初六，杨乃武才返回余杭家中。

所以，杨乃武认为有许多人证，刘锡彤不能把自己怎么样，他有恃无恐地坚信刘锡彤对他的诬赖根本无法得逞。

但杨乃武不知道的是，刘锡彤也在积极行动，十月十二日一早，他便将连夜写好的呈文送报杭州知府陈鲁，称杨乃武涉嫌与人通奸和下毒谋害人命，要求革去其举人身份。

杭州知府陈鲁本也算是一个清官，此人不贪钱财，不嗜烟酒，在杭州口碑不错。但人都有些爱好，他的雅好是收集古玩字画，因此也有人送其古玩字画求其办事。

按照清朝制度，要将举人革去功名，需由巡抚上报朝廷批准。刘锡彤为官几十年，对官场之道极为熟悉，颇知如何上下打点，陈鲁与刘锡

彤是上下级关系，刘锡彤早就对其曲意逢迎，所以二人关系比较密切。陈鲁收书后，见刘锡彤一再强调事关重大，也极为重视，立即呈报给浙江巡抚杨昌浚，再由杨昌浚向朝廷批准。

杨昌浚，字石泉，号镜涵，别号壶天老人，道光六年（1826年）九月初九出生于湖南省湘乡县神童乡丰乐三十八都。他自幼家贫如洗，其父亲杨仲明是乡村的普通手工艺人，九岁时母亲病死。道光二十九年，杨昌浚往左氏芭蕉山馆拜罗泽南为师，学习程朱理学和武艺。咸丰元年（1851年），他考中生员。咸丰二年，太平军进入湖南，他跟随罗泽南在籍组织团练。咸丰四年夏天，他跟随罗泽南转战湖北，后与刘蓉在家乡办理团防，升教授（府学教官）。咸丰十年五六月间，左宗棠在长沙金盆岭编练"楚军"，杨昌浚以三个月为期应邀入幕；十一月，杨昌浚率亲兵营攻陷德兴、婺源，遂迁知县，加同知衔。

同治元年五月，左宗棠以杨昌浚"性情恬裕，屡辞保荐，廉明笃实，晓畅戎机"推荐为浙江省道员衔；九月，杨昌浚随左宗棠军占领皖浙边境的衢州府，被授为衢州府知府。

同治三年，杨昌浚率军破杭州、余杭，加按察使衔；十二月，授浙江盐运使，旋升浙江按察使。同治四年八月，左宗棠上奏朝廷，称其"实属尽瘁驰驱，劳绩卓著。可否仰恳天恩，俯准将浙江按察使杨昌浚赏加布政使衔，并赏给该员三代二品封典，以示优异"。同治五年二月，左宗棠督军前往福建，清廷命杨昌浚为浙江布政使，负责处理浙江善后事宜。同治八年十二月，清廷又命其为署理浙江巡抚，九年（1870年）八月，杨昌濬正式担任浙江巡抚一职。之后杨昌浚又官至陕甘总督、闽浙总督。

杨昌浚绘《山居图》（局部）

杨昌浚在历史上留下的事迹主要是以错判杨乃武与小白菜案件和替左宗棠办理收复新疆的后勤闻名。观其一生，不过因缘际会成名，他战功平平，还经常溃败，最后也是因平乱无能而被撤职，其主要才干就是一个筹饷抓钱的能手，身居督抚高位时平庸昏聩，能力低下，官官相互而死不认错，很多清史史籍都有意无意地不屑于写他。

作为湘军曾经的重要将领，杨昌浚过手此案，实际也标志着政治力量开始介入杨乃武和小白菜案，这样，更为复杂的暗中角力就已经开始了。案情开始笼罩上一片阴暗。

杨昌浚与杨乃武与小白菜案件的关联正是由刘锡彤递上的呈文开始，此文传到清廷吏部，在研究是否批准革去杨乃武举人时，据说同治皇帝知道了此事。这位皇帝一向放荡不羁，自登上皇位那一天起，便一直生活在其母慈禧太后的阴影下，处处受到掣肘，所以他索性不再问政，整日游手好闲，还常常微服出宫去嫖妓，不知怎么会知道杨乃武与小白菜案这样一件事，一时心血来潮决定管一管。他有一位很好的皇后阿鲁特氏，这位皇后很正直，他就将这事说与皇后听，阿鲁特氏最恨奸夫淫妇通奸之事，便亲笔在杨昌浚的具题上批道："杨乃武着革去举人，其因奸谋死本夫情由，着该抚审拟。"于是本是出于好心的阿鲁特氏，一笔下去便使此案走向了错误的道路。

刘锡彤结案定罪，"钱宝生"无辜被冤

杨乃武的突然入狱，也使杨家一下炸开了锅，立即开始为让他出狱活动起来。在批文下达前，监生吴玉昆、詹善政等人联名向刘锡彤递交

晚清四大奇案之谜

【第四部分】杨乃武与小白菜案

了公察呈词，联合证明杨乃武十月初五人在南乡，根本不可能当面交给小白菜砒霜。刘锡彤一看出了一身冷汗，便让人先去恫吓小白菜，让她一定咬住杨乃武，然后升堂安排杨乃武与小白菜当面对质。

小白菜受到恫吓，害怕再次受刑，就一口咬定原供属实。杨乃武这才又见到小白菜，见她竟然当堂诬陷自己，很是气愤，当场怒斥小白菜信口雌黄。小白菜默然无语，只低头流泪，内心无限愧疚。

由于朝廷革除杨乃武功名的批文还没有到达，刘锡彤不便对杨乃武用刑，虽然杨乃武不承认案情和供词，但他觉得现下根据小白菜的供词已经开始定案，便当场判定吴玉昆等人是在作假证以便为杨乃武开脱，只将结果详报上司杭州知府陈鲁。

十月二十日，刘锡彤将人犯杨乃武、小白菜，人证俞氏、王氏、詹彩凤等及相关卷宗解押到杭州城，但却有意扣押了吴玉昆、詹善政等人递交的杨乃武十月初五不在余杭的证词，没有上交。不但如此，为防吴玉昆、詹善政等人去杭州知府作证，刘锡彤还亲自赶到杭州，上下活动，将小白菜"十月初五日杨乃武亲自交给我砒霜"的供词改成了"十月初三日杨乃武亲自交给我砒霜"。

杭州知府陈鲁靠军功起家，且为人十分自负，自命清高，很看不起文人，认为他们只会吟诗作文。对于杨乃武之名，因余杭和杭州相距不远，陈鲁也有所耳闻，他早听刘锡彤等人诽谤说此人好议时政，且惯作谤诗，谤毁官府，还曾经在仓前镇率领粮户闹粮，因而对杨乃武印象极坏，所以也想趁此机会治一治杨乃武，又收受了刘锡彤的打点，怎会轻饶杨乃武。刚好此时朝廷革除杨乃武举人身份的批文来到，这下陈鲁更无所顾忌了，一开始审讯，他不问其他人，首先逼取杨乃武的口供。杨乃武本没做过，也不知举人身份已被革职，依旧傲气十足，说是官府诽谤诬陷他，拒不承认小白菜的供词。

陈鲁冷哼一声，便命人对其严刑拷打，开始时杨乃武还硬挺着为自己辩解，但陈鲁将杭州府全部的酷刑都使出来了，如杖打、上夹棍、跪钉板、跪火砖、吊天平架等等。多半天工夫，杨乃武便在刑讯中被整得死去活来了好几次，他本来恨极小白菜攀诬自己，这时才对小白菜曾经受到的痛苦折磨有了刻骨的体验。在那样的折磨下，唯一的想法就是只求速死，但又求死不能，不认供又会有其他酷刑接着用，曾经无比桀骜不驯的他，最终也如同小白菜一样，也没能熬住酷刑的折磨，被迫认供。

这样，刘锡彤策划编排涉案的两名"主犯"均已招供，剩下就是追查毒药的来源，即杨乃武是在哪里买的砒霜。杨乃武从来没有买过砒霜，如何回答？说不知则招来一顿刑罚，后来想起来曾经见到仓前镇有一家"钱记爱仁堂"药铺，便说是在这家药铺买的。陈鲁又问是谁卖给他的，杨乃武说是药铺老板，陈鲁问此人叫什么，杨乃武哪里知道，但不知又要挨打，便信口胡诌说叫钱宝生。于是陈鲁派刘锡彤到仓前镇缉捕"钱记爱仁堂"药铺的老板"钱宝生"，以获取罪证。

刘锡彤心里知道杨乃武是屈打成招，"钱宝生"之人可能是杨乃武为了避免受刑随口捏造的名字，所以他回到余杭后，并没有直接派人去仓前镇"钱记爱仁堂"找"钱宝生"，而是先找来一个叫章潜的聪明人商议如何应付。这章潜也不喜欢杨乃武，当即向刘锡彤献计说，由他先写信通知"钱宝生"，要钱大胆承认卖过砒霜给杨乃武，这样便决不治罪，如果钱不承认，那么就吓唬他，说已有杨乃武亲口供词为凭，不说就要加重治他的罪。

"钱记爱仁堂"药铺的老板被带到县衙后，称自己名叫钱坦，也叫钱鹿鸣，但根本不叫钱宝生。而且他的药铺里从来没有卖过砒霜，也从来没有见过杨乃武。刘锡彤由此也肯定了自己的猜测，知道葛品连虽可能是毒死，但此案与杨乃武根本没有关系，他心里更明白，事情做到这个份儿上，已经没有回头的可能，只有一不做二不休，将此案继续大错下去。

但又如何才能错下去呢，钱坦这样的证人如果送去杭州，却反而会为杨乃武开脱，于是刘锡彤又生一计，他表面不动声色，却私下派人对钱坦一再威逼利诱，要他承认自己就是钱宝生，且卖过砒霜给杨乃武。

不料钱坦为人尚有正义感，知道这种事事关人命大事，弄不好自己将加罪在身，坚决不同意作伪证。

钱坦无故被抓去县衙，家里不知怎么回事，赶紧想办法求官府放人，正在钱坦和刘锡彤僵持不下之时，钱坦同父异母弟钱恺已开始四处打点。他知道秀才陈湖与知县刘锡彤关系密切，便托陈湖出面。陈湖找到刘锡彤，问明事情经过，拍胸脯说这事包在这身上，回头就向钱恺晓以利害，说杨乃武已经招供买砒霜是毒老鼠，如果他哥哥钱坦不承认，就是包庇杀人犯，按律也要被同判死刑；他如果承认，顶多是杖责而已，决不会吃官司。钱恺听了大吃一惊，见到哥哥钱坦后，急忙劝他承认就是"钱宝生"，陈湖也向钱坦保证不会送他去杭州作证。钱坦犹豫半天，觉得只好如此，便要求此案须与自己撇清关系才肯写，刘锡彤也担心钱坦写后反悔，于是亲笔写下"此案与钱坦无干"的保证书给了钱坦，钱坦便在县衙门房里写了一张卖砒霜给杨乃武的具结（字据），刘锡彤拿来看后大喜过望，随即放钱氏兄弟回家。

同治十二年十一月初六，"钱宝生"的卖砒霜具结送到杭州，杭州知府陈鲁随即根据供词及具结定案：小白菜因奸同谋杀死亲夫罪凌迟处死，杨乃武以起意杀死他人亲夫罪斩立决。

砒霜粉末

为了坐实该案，陈鲁还将卷宗中记载死者葛品连的"口鼻流血"改为"七窍流血"，将其确定为中毒而死。

这样一来，该案便成了《水浒传》中西门庆和潘金莲毒死武大郎的伙同情夫谋杀亲夫案一样性质的案件。

蒯贺荪怀疑案情，杨乃武错失良机

清朝制度下的死刑案件要逐级审理，陈鲁二审后，判决还要上报浙江按察使司（掌全省案狱的专职机构）核准。

浙江按察使蒯贺荪也是举人出身。他知道秀才一旦中举，以后便是前程远大，娶上三妻四妾是轻而易举的事，杨乃武身为举人，却因一个出身低贱的小白菜买毒杀人，简直就是匪夷所思之事。因而蒯贺荪接到案卷后，对于杨乃武不顾举人身份因奸谋毒感到不可理解，为此他详细阅览了全部卷宗，并亲自对杨乃武、小白菜进行了两次讯问。可惜的是，此时的杨乃武和小白菜经过酷刑的身心折磨后，均已心灰意冷，只恐说出不合供词的话再受酷刑，于是毫不反抗，完全照供词认罪，所以二人白白失去了这一大好的翻案机会。

蒯贺荪见二人憔悴不堪，认为他们可能惧怕刑罚，便向负责初审的刘锡彤和二审的陈鲁询及案情的经过，其中是否有可疑的情况。他哪里知道这案件牵涉到刘锡彤的个人恩仇，只见陈鲁和刘锡彤均信誓旦旦保证说此案铁证如山，绝无冤屈。这样，蒯贺荪只好召案犯、证人画押通过，将案件按照杭州知府陈鲁的意见上报浙江巡抚杨昌浚。

杨昌浚接案后，照例提审了杨乃武、小白菜，但二人担心再次遭受皮肉之苦，均依原样画供。杨昌浚于同治十二年十二月二十日结案，将结果上报朝廷。只等朝廷批准，就可对杨乃武、小白菜执行死刑。

杨乃武和小白菜一案之所以最终被沉冤昭雪，全因其家人始终不懈的上访努力，自从杨乃武无辜蒙冤后，其家人一刻也没有放弃营救的希望，特别是其姐姐杨菊贞，正是在她不顾一切、以一贯之的努力下，此案真相才大白于天下。

杨菊贞为弟伸冤，胡雪岩义助杨氏

杨乃武入狱后不久，杨乃武的姐姐杨菊贞不顾旧时女人不便抛头露面的习俗，开始外出多方打探，还亲自跑到仓前镇找到"钱记爱仁堂"药铺，经询问钱坦的母亲姚氏和爱仁堂的伙计后，得知他们药铺从来没有卖过砒霜。杨菊贞知道弟弟冤枉，发誓拼死也要挽救弟弟性命。此时杨乃武妻子詹彩凤分娩产下长子，因行动不便未能外出。

不过能不能成功翻案，杨菊贞心里也没底。那时的人都较为迷信，她特意到杭州城隍庙求签，占卜事情的结果，结果求到一支签说："荷花开处事方明，春叶春花最有情。观人观我观自在，金风到处桂边生。"测字先生解释说，到荷花开时，冤情可以洗刷，桂花开时，人就可以平安归来了。她又去买占扶乱，却见卦上批了两句诗说："若问归期在何日，待到孤山梅绽时。"两卦都是说杨乃武还有救，这也给了杨菊贞等杨家人莫大的鼓舞和信心。

再说身陷狱中的杨乃武，一想到莫名其妙地遭此大难，他又不甘心起来，他得知案情已经上报朝廷后，知道刑部批复一旦下来，那就是铁板钉钉，再无翻案可能，自己的人头就此落地不说，还永久地背上恶

晚清四大奇案之谜

名，连累家人，心里岂肯罢休？于是他偷偷写了一张申诉状，说自己是遭小白菜攀诬在先，被审判官屈打成招在后。在申诉状中，杨乃武列举了八大疑问：如为何不让他本人与"钱宝生"当面对质，如果他与小白菜有奸情，他又怎么会有意提高房租迫使她搬家等等。

不但如此，因此案是因葛品连被毒身死而立案，杨乃武此时也相信葛品连中毒是真的，也觉得可能是小白菜下的毒，又因为小白菜诬陷于他，于是他完全不再顾及往日情份，在申述中大力攻击了小白菜，甚至编造了许多并不存在的谎言：如说小白菜与余杭粮青何春芳有不轨行为，杨乃武发现后告诉了葛品连，葛品连为此打了小白菜，小白菜从此对杨乃武怀恨在心，所以才攀诬与其通奸谋毒；又说知县刘锡彤之子刘子和与捕役阮德曾经向杨乃武敲诈勒索钱财，因未能得手，一直寻机报复，于是就诬陷杨乃武与小白菜偷奸。这些故事都是杨乃武临时捏造出来的，一是可以报复小白菜对他的诬陷指证，二来可以证明小白菜与自己早有嫌隙，有诬陷的动机，他觉得这样对翻案会更加顺利，但后来他却为这些谎言付出了惨痛的代价。

申诉状写好后，被杨乃武的家人在探监时偷偷带了出来，之后分抄数份，送到杭州各级衙门，包括浙江巡抚和浙江按察使司，但由于刘锡彤曾经上下打点，这些交上去的申诉状基本都是石沉大海，没了动静。杨菊贞见地方官员根本不重视，终于决定去北京上访告御状。

同治十三年四月，杨菊贞带着弟弟杨乃武在狱中写就的申诉材料，踏上了赴京的漫漫长路，同行的还有杨乃武岳父家的长工王廷南和王阿木。三人先从杭州到上海，再从上海乘轮船到天津，再从天津走陆路，历时二十余天，终到达皇都北京城。

因为女子不能出面，杨菊贞不得不委托长工王廷南和王阿木到都察院递交申诉材料。结果都察院接到申诉状后却认为杨菊贞、王廷南等人是违反律制越级上告，不予受理不说，还派人将三人押解回乡，严厉警告三人不准再告。

不过，都察院作为最高监察机关，也不是全无作为，还是下了一纸

清代女式服装

公文给浙江巡抚杨昌浚，要他重新复审此案。杨乃武、小白菜案在当时看来是大伤风雅的事情，杨昌浚不愿意理会这等案件，也不觉得案情有什么可疑之处，便将案情转交给杭州知府陈鲁复审。陈鲁装模作样地又传讯了曾经参与此案中一些环节的地保王林、房东王心培等证人，结果跟原审无异。杨昌浚按照原审判决上报都察院。都察院见复审没有发现什么疑问，便同意结案。

在这期间，杨菊贞又多次到仓前镇"钱记爱仁堂"药铺找关键证人钱坦，也就是所谓的"钱宝生"，声泪俱下地请求他能站出来说实话。钱坦不敢招惹知县刘锡彤，为了避免杨菊贞纠缠，干脆躲了起来不见杨菊贞。另外，杨乃武家人还多次去找原告葛品连的母亲俞氏，请求她撤诉，并愿意以黄金地产酬谢。但俞氏已认定其子是被毒死，想为儿子报仇，又畏惧官府势力，没有答应。分娩不久的杨乃武妻子詹彩凤还曾多次带着怀中的孩子到衙门哭诉冤情，但均无结果。杨菊贞思来想去，觉得要使此案有转机，必须再次赴京，找最高部门主持公道，但此时家中为救杨乃武已耗尽家资，连去北京的路费都成了问题。

谁也没有想到的是，本来这件案子看起来已经毫无扳回的希望，但却因为媒体的介入而有了意外转机。在当时，人们根本不重视媒体的作用。在此案发生后的第二个月，新创刊不久的《申报》对案件作了报道，开始还是作为地方上的桃色刑事案件来写，不过是要娱乐一下大众。但后来随着案情反复审理，特别是杨家人的不断上访，甚至都察院都介入了，《申报》记者和编辑开始觉得事情没那么简单，开始对其作大版面的跟踪报道，并深入挖掘一些存在疑点的案情，于是浙江和北京两地越来越多的人开始关注此事，这其中就有著名的红顶商人胡雪岩。

胡雪岩，名光墉，字雪岩。他是中国历史上著名的徽商，其人生经历跌宕起伏，充满了传奇色彩：他本贫穷出身，幼年帮人放牛为生，长成后从钱庄学徒开始做起，通过结交朝中权贵显要王有龄、左宗棠等人，纳粟助战，为朝廷效力，一跃成为显赫一时的红顶商人。其势力最盛时，整个江浙商业都在其操纵之下，资金达两千万两以上，田地则在万亩以上。

胡雪岩是当时的知名官商，与杨乃武属八竿子也打不着的关系，为什么他会关注杨乃武与小白菜一案呢？事有巧合，在杨乃武案发生时，胡雪岩正在杭州筹办他旗下的胡庆余堂中药店，他在这里有一个幕友名叫吴以同，刚好此人与杨乃武是同科举人，吴以同佩服杨乃武敢与官府对抗的勇气，一直与杨乃武私交不错，知其为人正派，认为此案必有蹊跷，就将杨乃武的情况告诉了胡雪岩。胡雪岩为人极其精明，了解了案情经过后，便知其中必有官府刑讯逼供的行为，深为杨乃武和小白菜不平。后来胡雪岩得知杨乃武的姐姐杨菊贞为救弟弟准备再次进京冒死上告时，不由深为感动，他让吴以同将杨菊贞等人接到自己的住处，表示愿尽绵薄之力，资助她这次上京的全部费用。

夏同善暗中指点，杨昌浚再办此案

正在这个时候，浙江籍官员翰林院编修夏同善因丁忧期满，准备启

程回京。胡雪岩为其饯行时，有意让吴以同作陪，席间吴以同趁机向夏同善说了杨乃武一案的案情真实经过。夏同善深为震惊，当即答应要鼎力相助。

夏同善，字舜乐，号子松，原是仁和（杭州）人，幼年丧母，父亲夏建寅续娶乌镇萧氏，夏同善视之如同生母。父亲仕途失意，遂弃儒经商，夏同善随继母住在外婆家。他从小酷爱读书，竟遍读外祖父萧麒所藏的典籍。1855 年，夏同善中举人，次年咸丰六年进士及第，钦点翰林并赐"翰林第"匾，选为庶吉士，散馆授编修。夏同善因念自己得以读书皆赖萧家，就把御赐的匾额挂在外婆家的大厅上，又请得圣旨改建萧家厅。之后历官庶常馆庶子、詹事府詹事，同治十年（1871 年）任兵部右侍郎，同治十二年（1873 年）以审理杨乃武与小白菜一案闻名。光绪元年，他与内阁学士翁同龢在毓庆宫教授光绪帝读书。光绪四年，视学江苏。光绪六年卒。朝廷赐祭葬，谥文敬。夏同善善写文章，时人誉谓"在曾（国藩）、左（宗棠）之上"，甚得慈禧太后赏识。

同治十三年七月，杨乃武姐姐杨菊贞和妻子詹彩凤带着娘家帮工姚士法再次进京告状。到达北京后，他们先去找了夏同善，夏同善暗中指点他们不要再将申诉状交给都察院，而是转交给步军统领衙门。

据说杨菊贞这次为表其弟冤屈，引起大家的注意，她在衙门前滚钉板告状，不知是不是受到夏同善的指点，杨家人的这次进京得到了媒体的帮助，杨乃武的申诉状递进去后，被《申报》以《浙江余杭杨氏二次叩阁原呈底稿》为题全文刊登出来。尤其《申报》还借其进一步比较中国与西方国家的法律现状，对于中国司法中的秘密审讯、滥用刑罚和官官相护等弊端给予了强烈的抨击。一时间，大江南北，朝野上下都在谈论杨乃武一案。步军统领衙门因之倍感压力，不敢擅作主张，便将申诉状上奏慈禧太后和同治皇帝。

慈禧太后和同治帝看后，知道此案别有案情，但又不想自作主张，便着意发回原籍处理。谕旨不久后下达，要求浙江巡抚与浙江按察使重新复查此案。

浙江巡抚杨昌浚见案子闹到这个地步，有些后悔当初的轻率，但他更不敢翻案，因为一旦推翻，不但他会得到记过处分，弄不好头上乌纱不保，整个浙江官场都会经历一场大地震。于是他在接到谕令后，为了表示秉公执法，不枉不滥，将案子委托给新到任的湖州知府锡光和绍兴知府龚嘉俊、富阳知县许嘉德、黄岩知县陈宝善四人共同审理。此次复审，杨乃武见审讯官员换了一拨新人，料到事情有了转机，便立即推翻原供，声称自己与此案根本没有任何关系。小白菜见这次没有动刑，也趁机翻供，坚决否认自己毒死了丈夫。

锡光此时刚刚到任湖州，但这人却是个老滑头，一看杨乃武和小白菜都推翻原供，便知这是冤案，又知此事已惊动太后和皇上，巡抚大人又不想翻案，思来想去便知情况不妙，于是审了一次后就托词有病不再参与。这样审讯官就剩下了绍兴知府龚嘉俊和知县许嘉德、陈宝善。但这几人审了几次，两名主犯就是不认罪，三名审讯官也不知道该如何处理。

案子正在尴尬之际，清廷同治皇帝突然驾崩，全国举哀，审案只好就此暂停。这样拖了一段时间后，三名审讯官知道这案再棘手不过，也不管案件依然悬而未决，主动向杨昌浚递了辞呈，请求另派官员来审理。

王书瑞弹劾巡抚，胡瑞澜糊涂断案

光绪元年（1875年）正月二十日，光绪皇帝即位，光绪帝名载湉，醇亲王奕譞之子，此时年仅四岁，由慈禧太后垂帘听政。依照古例，新皇帝

即位要大赦天下，但杨乃武、小白菜一案因审而未结，且案情重大，悖逆人伦，因而不在特赦之列。杨乃武、小白菜只能还像以前一样蹲在狱中。

但这时《申报》又帮了大忙，将之前审案时杨乃武、小白菜双双翻供的消息报道出来，让人们看到了案中之案，特别是朝中不少大臣开始瞩目此案，尤其是一些浙江籍京官，他们开始密切关注此事。于是这个本与政治无关的刑事案件，因为有很多朝中官员的关注和介入，终于引发了错综复杂的朋党之争。

四月二十四日，刑部给事中王书瑞率先上疏弹劾浙江巡抚杨昌浚等人"复审重案，意存瞻徇"，指责浙江官员是有意拖延案情，目的就是要让杨乃武、小白菜二犯和相关证人不堪折磨，病死在大牢中，从而可以草率结案，维持原判，以利考成（指官吏的升迁降贬）。王书瑞还进一步分析了造成这一现象的深层原因，说是杨昌浚明显怀有私心，以致"明知事有冤抑，只以回护同官，碍难从实办理，不承审此案，现俱设法脱身。以致日久未能昭雪"，并指出如果继续拖延，只会给杨昌浚机会让他暗中布置杀杨乃武、小白菜等人灭口。

王书瑞，字云史，原名步曾，号又沂，浙江长兴人。清道光十四年进士，授工部硝磺库主事，累迁营缮司郎中。咸丰十年，英军侵及京畿，朝官纷纷引退，书瑞毅然任事，总办军需，叙功随带加二级。同治三年，授江南道监察御史，迁刑科掌印、给事中。在谏垣十余年，条陈国是及疏陈太湖水利、论劾织造、白丝浮顺，皆言人所难言。此人极少与官员来往，自行杜绝请客拜谒，慎于交游，闲暇时唯授徒课子，以文史自娱。有道是壁立千仞，无欲则刚，此人便是如此，为官刚直不阿，敢言人所不敢言，他关于杨乃武与小白菜一案的这一奏疏，言辞非常尖锐，矛头直指浙江巡抚杨昌浚。而且王书瑞呈上奏疏之后，京官应者云集，纷纷紧跟着上书弹劾。杨昌浚一时间成为众矢之的，不得不上书为自己辩护，说绝非有意迁延案情，实在是因恰逢封篆，又遇上国恤，兼有本省科考；又指出杨乃武、小白菜虽然翻供，但药铺老板"钱宝生"供词始终如一；诬称杨乃武家人还多次到药铺闹事，胁迫

"钱宝生"翻供。

　　他的自我辩护并未得到认可，由于此案闹得朝野震动，家喻户晓，受到的关注度实在太高，慈禧太后还是决定不理睬杨昌濬的辩护，派刚简放浙江学政的礼部侍郎胡瑞澜（湖北武昌人）就近复审，并严命杨昌濬好生看管犯人和证人，一旦有病死等情况发发生，将会给予严惩。

　　胡瑞澜，本名原都，字观甫，号筱泉，湖北武昌人，道光二十五年乙巳恩科进士，钦点翰林院庶吉士，授编修，历官国史馆纂修、文渊阁校理、咸安宫总裁、宗人府丞、翰林院侍讲、侍读学士、山西学政、湖南学政、浙江学政、广东学政、阅卷大臣、拟题大臣、太常寺卿、大理寺卿、副都御史、礼部侍郎、光禄大夫等，累至兵部右侍郎。

　　胡瑞澜是个典型的文官，其人以饱学闻名，所著传世的作品有《湘帆杂咏》、《越吟草》、《星招杂纪》、《星招续纪》、《海槎日记》、《海槎续记》、《训士质言》、《教士申约》、《教士隅说》等。慈禧太后选中他，就是因为他在浙江当地很有些名望，这样学富五车的人来审案，结果应该能令人心服口服。不过胡瑞澜的名望完全是来自学术，他不谙刑名，所以当杨乃武得知新任审讯官是胡瑞澜时，知道翻案无望，在狱中自挽一联道："举人变犯人，斯文扫地；学台充刑台，乃武归天。"

　　胡瑞澜被钦命为主审官，受命于浪口峰尖，本人压力也相当大。他一到杭州，浙江巡抚杨昌濬就派人来告知说："此案已经反复审问多次，无偏无枉，不宜轻易改动，不然引起士林不满，地方官吏今后也难以办事了。"这一告知实际上是一种威胁，既是说给胡瑞澜听的，也是说给朝廷听的。

　　胡瑞澜审案根本不知从何处下手，他看了几天卷宗，也看不出个所以然来，为表示审案公正，他临时选了宁波知府边葆诚、嘉兴知县罗子森、候补知县顾德恒、龚世漳四人共同审理。特别要强调的是，这四人均由杨昌濬向胡瑞澜推荐，其中边葆诚和罗子森均是杨昌濬湖南同乡，边葆诚还是余杭知县刘锡彤的姻亲。

　　胡瑞澜办事堪称认真，但他一上来不是查看案件源头，而是抓住了杨乃武写的申诉状不放，所以这次复审从一开始就偏离了方向。

　　经过细致的调查后，胡瑞澜发现杨乃武申诉状中有许多捏造的事实，正是前面所提到的，如小白菜与粮青何春芳有奸情等等。甚至连之前长工王阿木冒名王廷南到都察院递交申诉材料都被胡瑞澜穷追猛打般挖了出来。在这样的情况下，胡瑞澜自然而然地认为杨乃武有意欺瞒，一心要掩盖事实，所以谎话连篇，因而提审犯人过堂时，胡瑞澜命人对翻供的杨乃武和小白菜动用了酷刑。这次酷刑，杨乃武双腿被当场夹断，小白菜的十指也全部被夹得露出了白骨。二人受不了严刑拷打，再次认了原供。

　　原供虽定，但此案因为案情变幻反复，审理多次，其间犯人、证人供词多有矛盾之处，为了让案情尽快了结，成为定案，胡瑞澜很是费了一番心思，发挥了文人的特长。比如有证人说同治十二年八月二十四日葛品连因腌菜迟误殴打小白菜，小白菜自剪其发欲出家为尼，杨乃武听闻后前往探问，走到王家门口见房内人多，没有进去就返身而回；但又有证人说看见杨乃武在小白菜房中调情，被葛品连撞见后，杨乃武逃走，葛品连一怒之下殴打小白菜，邻居前来劝解时，葛品连借口说是因小白菜没有腌菜。这两种说法差别很大，胡瑞澜经过考虑后，改成"该日虽为腌菜迟延争闹，实为与杨奸情引起"。又如葛品连母亲俞氏怀疑儿子死因盘问小白菜一节，俞氏先是说小白菜拒不招认谋毒情节，后来又说从小白菜口中盘问出与杨乃武勾结谋毒情形。前后说法不一，明显

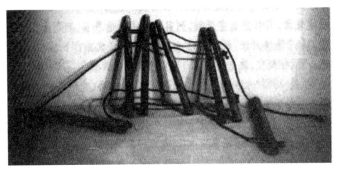

拶指刑具

矛盾，胡瑞澜改为"葛毕氏初则言语支吾，继称杨乃武交给流火药"。这样，经过其刻意的修饰后，整个结案报告的漏洞均被弥补，看起来已天衣无缝。

边宝泉上奏责问，醇亲王言有青天

光绪元年十月初三，胡瑞澜将案情审结上报朝廷，称此案并无冤情，拟按原审判罚定罪：葛毕氏以因奸同谋杀夫罪，拟凌迟处死；杨乃武以奸夫起意杀死亲夫罪，拟斩立决，又以作假呈词京控，罪加一等；"钱宝生"拟以私卖砒霜致死人命，拟杖八十；王阿木以强令"钱宝生"递交悔呈，又为叶杨氏赴京控告，与王廷南、姚士法等拟杖八十；杨恭治、吴玉昆等为杨乃武具呈作证，递具公察，因不知杨乃武因奸谋命情事，与并未通奸之何春芳，并未诈赃之阮德，均不予追究罪责。

除了结案报告外，胡瑞澜还向朝廷上呈了《招册》，即包括案犯杨乃武、小白菜的供词和俞氏、王林、"钱宝生"等证词在内的详细记录。本来按照惯例，总督巡抚审理的死刑案件只需呈报审结报告，不需要人犯供述和证人证词。胡瑞澜这样做，自然是为了表示自己秉公执法，没有徇私舞弊。

由于胡瑞澜审理此案是以钦差的身份，案情审结后，原承审官员均如释重负，都以为此案历经七审、铁证如山，不会再有反复了，于是弹冠相庆，还设宴宾客。然而，杨乃武案当时已经众所瞩目，成为舆论的热门话题。而案情牵扯进来的两方力量，一派是握有重权的浙江巡抚及

晚清四大奇案之谜

【第四部分】杨乃武与小白菜案

湘军势力，一派是市井小民，在大多数人的心中，人们自然而然地同情弱者，不少人更是坚信这是一桩酷刑下造就的冤案。没想到被寄予厚望的胡瑞澜最后审理的结果，依旧是维持着小白菜凌迟处死、杨乃武斩立决的原判。特别是《申报》将胡瑞澜的审结报告予以报道后，朝野一片哗然，舆论汹汹，愤愤不平者大有人在。

朝臣方面，光绪元年十月十八日，户部给事中边宝泉率先发难，上奏揭发胡瑞澜与浙江巡抚杨昌浚素来交好，胡瑞澜办理杨乃武案时"外示严厉，中存偏袒"，有官官相护的嫌疑。尤其在关键环节上，胡瑞澜没有详加追究，说一来是因为胡瑞澜本职掌学政，没有办过刑事案件，抓不住要害；二来胡瑞澜为杨昌浚的下属，其考成决定于杨昌浚，他当然不敢翻案得罪杨昌浚。

特别是光绪帝生父醇亲王奕譞痛恨杨昌浚蔑视朝廷，又怕各省督抚仿效，决意替杨乃武翻案，以示警饬。正当杨乃武看透黑暗吏治，与秀姑欲以鲜血、头颅祭告天下："大清百姓盼望青天"之际，得到了醇亲王"大清有青天"的回答。

为了表示公正，上奏的边宝泉建议该案应该交给刑部从头审理。

边宝泉，字廉溪，号润民。原籍奉天辽阳，其祖先随清军入关，在霸州城内定居，属镶红旗汉军籍。他自幼聪颖好学，同治二年（1863年）进士。初任翰林院编修，乡试会试考官，户科给事中等职。他办事严肃认真，直言敢谏，后在陕西任督粮道时值荒年，筹赈济民，救民甚众。此后升任道台、臬台、藩台，直至巡抚部院，往来于山西、陕西江河之间，剔除积弊，肃清盗匪，整饬官吏，很有政绩。他跟前面那位刑部给事中王书瑞不同，并非浙江籍官员。他原籍奉天辽阳，其祖先随清军入关，属镶红旗汉军籍。在严厉防范汉人的清王朝，边宝泉可谓是朝廷的亲信一派了。甚至当年风云人物直隶总督李鸿章献瑞表，他也敢上书揭发李鸿章其人妄言妄为不过是媚上取宠。

边宝泉奏疏上具朝廷后，不但得到百姓的一片叫好声，还得到了许多官员的鼎力支持。当时怀疑杨乃武案案情可疑的除了浙江籍官员如夏同善外，还有大学士翁同龢、刑部分管浙江司刑狱的司官林拱枢等官员，因而支持将杨乃武案交给刑部复审的官员势力很大。但出人意料的是，慈禧太后却没有批准，给出的理由是按照清朝惯例，刑部作为职掌全国刑狱的部门，事务极为繁忙，凡外省审理过的案件，不能再递交到刑部重新审理。不过，慈禧太后虽然否定边宝泉的提议，但却同意将此案案卷交给刑部详细审研，看是否有可疑之处，一一标出后，再交胡瑞澜进一步查究明晰。

慈禧太后不是不想重审此案，因为此案发展到这个程度，牵涉太多，而江浙即是朝廷赋税重地，也是以前湘军的地盘，自太平天国平定，江浙之地一直为湘军所把握，成为朝廷的心腹大患。清廷曾经想努力改变湘军坐大一方的局面，并为此采取了种种措施，如派马新贻任两江总督等，然而随着同治九年七月两江总督马新贻在江宁遇刺，朝廷从湘军手中夺回江浙的计划宣告破产。尽管湘军创建者曾国藩不久后去世，但江浙地方实权长期把握在湘军一系手中，即使是朝廷政令，也经常有力所不能及的时候。杨乃武小白菜案为浙江巡抚亲自审定的要案，牵涉很多官员，如果轻易发到刑部复审，那些浙江地方官员如何能服气？浙江巡抚杨昌浚为湘军重要将领，在已经七审七决的情况下再怀疑他的审案结果，湘军那些人会不会又认为朝廷是有意要对他们下手？所以，就算慈禧猜到杨乃武小白菜有冤情，考虑到种种不稳定的因素，慈禧太后也不愿意轻易与地方失和。但另一方面，如果真的是冤案，也是慈禧太后向湘军下手的机会，只是她也不敢轻易下手罢了。正是在这种矛盾的心态下，慈禧太后权衡轻重，才同意将案情发给刑部审查。

刑部主审"杨毕案"，媒体揭露案中情

　　清廷刑部见太后旨意下达，自然不敢怠慢，接到案卷后抽调大量人手日夜阅览材料，目的只有一个，就是找出案卷中存在的疑点。刑部毕竟是专门理案的部门，很快，一些疑点便被罗列出来：如杨乃武向"钱宝生"购买砒霜，"钱宝生"作为与砒毒相关的最重要证人，却仅仅被余杭知县刘锡彤传讯过一次，其后各次审讯均未到场，七审之中也从来没有让杨乃武与其当面对质，这岂不是太不合情理？

　　刑部将提出的疑问发给浙江学政胡瑞澜，要求他如实答复。胡瑞澜立即上了一篇长奏，以其文学家校证文字般的细致不但回答了刑部的疑问，还对所有疑问都作了细细弥缝，使整个案情看起来更加无懈可击。

　　因为媒体和舆论的力量，使得众人心中已经认定杨乃武是冤案，而朝中大臣为了迎合慈禧太后想借机对浙江官员下手者也大有人在，胡瑞澜再圆满的答复，也不能令人满意，况且他审案的方式也被人怀疑，更有一点是之前胡瑞澜和杨昌濬等人均上报说没有动用酷刑，但了解审讯的人说动了很多酷刑，所以质问他的声音此起彼伏。

　　就在这个时候，经手杨乃武案的重要人物浙江按察使蒯贺荪突然于光绪元年（1875 年）十二月初二病死。不久前，蒯贺荪之子也已经病死。舆论方面自然也将其父子之死与杨乃武案联系起来猜测，朝野为此议论纷纷。

比较了解个中曲折的红顶商人胡雪岩也没有停止对此案的关注。在他的努力下，翰林院编修夏同善召集了在京任职的浙江籍官员，发动大家要为杨乃武一案做下努力。他联合的主要是浙江的文人，因为如果杨乃武冤情不得昭雪，整个浙江的读书人都将没有面子。在夏同善的号召下，朝廷中的浙江籍京官员包括内阁中书汪树屏、罗学成，翰林院编修许景澄，户部主事潘自疆，吏部主事陈其璋，户部主事张祯、何维杰、周福昌、吴昌棋、徐世昌、徐树观，刑部员外郎郑训承，刑部主事淮子撞，刑部员外郎汪树堂，主事戚人铣，工部员外郎吴容光、邵友镰，工部主事梁有常共十八人，联名写了一份呈词，其中举出了杨乃武一案中种种可疑之处，还增加了他们听闻来自家乡关于该案的一些消息，要求朝廷将此案交给刑部审理，并昭示天下，以释群疑。还说此案如不平反，浙江将无一人肯读书上进矣。

光绪二年正月，这份呈词由浙江余杭人李福泉呈递到都察院，十八名官员联名呈控，影响力自然非同小可，都察院立即奏报给慈禧太后。慈禧太后尚在犹豫不决之时，与夏同善关系亲密的刑部侍郎袁保恒与大学士翁同龢也上奏疏指出胡瑞澜结案报告中疑点重重，如果再要胡瑞澜重审，只能适得其反，他必然全力掩盖案情中的漏洞和疑点，弥缝周

清代都察院

全，只有将此案发刑部重审，才能秉公论断。

慈禧太后其实就是在等这样一把火，她见杨乃武案有这么多的浙江籍官员支持重审，疑虑被打消了，当即同意将此案发到刑部重审。刑部尚书皂保和桑春荣接奉谕旨后非常重视，一面组织官吏阅览此案的全部卷宗，一面通知浙江巡抚杨昌浚，将有关犯人和证人押解到北京刑部。

这个关键时候，杨乃武一案中最重要的证人"钱宝生"突然在杭州大狱中暴毙身亡，立即引来多方猜测，舆论一致认为是浙江官员暗下毒手。浙江巡抚杨昌浚和浙江学政胡瑞澜扛不住压力，上报说"钱宝生"是在狱中病故，但有衙役说"钱宝生"是自缢身死。也有曾与"钱宝生"同狱的犯人出狱后说，"钱宝生"是余杭知县刘锡彤和杭州知府陈鲁联合买通狱吏杀死的，为的是杀人灭口。《申报》的报道则说胡瑞澜为答复刑部疑点，曾将"钱宝生"提杭州审讯，之后派差役押解其回余杭县，"钱宝生"回到家中，突然腹痛如绞，随即病故。

不论事实的真相如何，直接证人"钱宝生"一死，给审案带来极大的影响，也更使朝野上下认为此案确是冤案。重要证人突然暴毙，刑部无奈之下，只好由"钱宝生"的母亲姚氏和药铺店伙杨小桥作为替补证人。据说在临出发前，杨乃武家人找到了杨小桥，送上银洋六百元，不求其他，只求他能说实话。

因为有"钱宝生"突然暴毙在前，刑部担心路途上再出意外，以及犯人、证人串供，就将犯人和证人的押解分批进行。最先被押解上路的只有小白菜一人，她坐在囚车当中，枷锁镣铐加身，四周都是戒备森严的兵丁衙役，踏上了未知的远途，不知道是什么样的命运在等待着她，心情之恐惧和凄凉可想而知。但刑部押解人员见小白菜有明显的多处刑伤，怕她难熬路途颠簸之苦，就给小白菜进行了细致的治疗。

需要一提的是，当时舆论虽然支持翻案，但无论是官员还是百姓，同情的均是杨乃武，对小白菜却并不同情，可说是极尽辱骂鞭挞之能事，一是那时女人地位较低，再就是因她攀诬杨乃武，所以相比于杨乃武备受怜悯关注的处境，她可谓千夫所指了。

第二批押解的是证人，包括俞氏、沈体仁、王氏、王心培、姚氏、店伙杨小桥等，一共数十人，何春芳本也应在押解之列，但其事先潜逃，被通缉。浙江巡抚杨昌浚曾以姚氏患有癫痫病、王氏有年幼女儿为借口，请求免提二人进京，只写出证词画押即可，但被刑部拒绝。

杨乃武被单独安排在第三批，他的刑伤在路上也得到了治疗，因为刑部的严密关注，沿途均由当地官府照顾，路上倒是没有出什么差错。

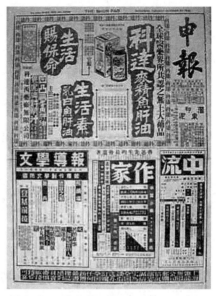

民国时期的《申报》

光绪二年三月二十七日，第二批上路的证人抵达北京。刑部人员按照惯例对这些人搜身时，从葛品连的母亲俞氏身上搜出一张字条，写着"刑部司员文起暨浙江粮道如山宅内居住之刘殿臣，余杭县署内姜位隆恳托"的字样。因为字条中涉及刑部官员，使得刑部立即如临大敌，审问俞氏这字条从何而来。俞氏说是家乡余杭的远亲姜位隆写的，担心她来北京后无依无靠，让她投靠文起和刘殿臣。调查后，发现刑部司员中并没有一个叫文起的人，只有个叫文超的。刑部不敢确定，为了证实俞氏的话，竟然发告示在全国通缉刘殿臣和姜位隆，由此亦可见刑部的用心程度，后来找到了姜位隆，才知他本来要写的是"文超"，粗心写成了"文起"。此事一时间风声鹤唳，不过最后只是虚惊了一场。经刑部调查，文超、刘殿臣和姜位隆均与案情无关。

另外，这次检查还查出了来到的证人"詹善政"并不是真的杨乃武岳父继子詹善政，原来詹善政不愿意进京作证，已经潜逃躲避起来，杨家让杨乃武另一妻子娘家的帮工王顺发顶替。这无疑是不行的，刑部经过一番折腾后，还是将詹善政缉捕押解进京。

三法司会审冤案，验尸身证明无毒

等到涉案人员全部抵京后，刑部召集众人举行了一次大审，又叫三法司会审，由刑部主审，都察院、大理寺会审。主审官是刑部尚书桑春荣和皂保，发话讯问的是刑部浙江清吏司郎中刚毅和另一位都察院刑科主事。当时到刑部署中观审的各级官员不计其数，史载"观者如堵"，后来者连插足的地方都没有。但在审讯过程中，大堂上下却鸦雀无声，众人无不倾耳细听案情经过。可见这一案件在当时受瞩目的程度。

杨乃武和小白菜两名犯人一带上来，在场的会审官员和观者就发现明显有受过酷刑的痕迹，这一点与之前杨昌浚具题、胡瑞澜上奏中所说的并无刑讯一节显有不符。因为杨乃武的膝盖受刑时受过伤，还没有痊愈，无法下跪，审讯官破例允许他坐在地上回答。杨乃武知道这是他最后的机会，于是就推翻前面的口供，说出了自己案发时根本就不在余杭，后来承认有罪，都是受到了酷刑，屈打成招。

到审问小白菜时，她因上次翻供后又受酷刑，所以即便到了这里，她也不敢翻供，审讯官见她畏惧，料到是怕上刑，便温言安慰，鼓励她照实直说。小白菜横下一死之心，终于鼓足勇气，才道出事情原委，说只以为丈夫病死，不知丈夫是服毒，毒药从哪里来的也不知道，杨乃武并没有给她毒药，二人也无奸情。

其他证人也均据实作证。"钱宝生"母亲姚氏和店伙杨小桥均说药

晚清四大奇案之谜

铺从来没有进过砒霜，也没有见过杨乃武，店老板叫钱坦，根本不叫钱宝生。又问杨乃武是不是钱宝生，杨乃武道出，因怕酷刑，"钱宝生"之名不过是信口说的，他只知道那里有个钱记药铺，根本不认识钱记药铺的老板，更不知道他的名字。

刑部接着审问仵作沈祥，他开始供认验尸时并不能确认葛品连是中砒霜而死，甚至不靠银针还不能确认其为中毒而死，他说出了当时的真实情况，否定了案卷后来改成的"七窍流血"等症状。

这样一来，形势急转直下，真相开始浮现出来，对杨乃武、小白菜大大有利。而侦破案情的根本，则转变成了确认葛品连的死因。

为了确认葛品连的死因到底如何，刑部紧急调运葛品连的尸棺到北京，准备重新勘验。为此刑部派人立即赶赴浙江余杭仓前镇，找到葛品连的坟墓后立即起棺运送，因路途遥远，为了防止尸棺被调包，刑部又派人进行了严密的防范，用众多兵丁沿途押送，并在棺材上贴上封条，甚至不得让人近前。

光绪二年十二月葛品连尸棺运抵京城，停放在朝阳门外的海会寺前。初九日，刑部尚书皂保率领刑部官员，偕同五城兵马指挥等地方官，在海会寺前当众开棺验尸。犯人和所有证人也都被押到现场，杨乃武和小白菜身穿红色囚衣，被关在一旁的木笼当中。由于该案影响巨大，京城各处万人空巷，前来观看验尸者人山人海。

刑部选调了当时北京最有名望的老练仵作荀义和连顺二人主管验尸事务，二人打开棺材后，发现尸体皮肉已经腐烂殆尽，只剩下黄白色的骨殖。根据经验和典籍记载，如果是中砒毒而死，死者的骨殖应呈青黑色。二人又由上至下仔细详验，发现葛品连周身大小骨殖均呈黄白色，并无砒霜中毒的迹象。为进一步验证，其后二人又将尸骨进行了蒸煮检验，也没见有含毒迹象，其情况与《洗冤录》所载正常病死完全符合。于是最后得出权威结论：葛品连确系因病而亡，并非中砒毒而死。

这个结果一经宣布，顿时如炸了锅一般，现场欢声雷动。一名一直关注此案的法国记者急忙跑到木笼边，对杨乃武和小白菜喊道："无

毒！无毒！"据说后来这位法国记者还到浙江采访过杨乃武，并在国外媒体上对此案作了详尽报道。

刑部官员又当众询问余杭知县刘锡彤、仵作沈祥当时勘验情况，沈祥承认原来勘验时，试毒银针并未按要求用皂角水反复擦洗，不符合朝廷规定的检验程序；沈祥向刘锡彤只报服毒而死，却未报何毒致死，是刘锡彤自认是砒霜，诱导小白菜强加上去的。

至此，案情已经基本清晰。光绪二年十二月十六日，刑部尚书皂保命令将所有犯人、证人带到大堂，环跪一圈，当面对质。在相关人等及观者众目睽睽之下，没有人敢再说假话、作伪证，只将真实情况如实禀报。于是全案的来龙去脉、始末经过，至此全部水落石出。

于是这件历时三年，经过七审七次误判的疑案，屡经曲折，终于柳暗花明，大白于天下。

"杨毕案"真相大白，丁宝桢欲行阻拦

杨乃武小白菜一案真相大白后，剩下的就是结案量刑的问题。对于犯人、证人还好说，对于之前历次承审官员的处理就是个难题了。尤其是杨昌浚、胡瑞澜这样的一品大员，身后还有湘军为背景的不少官员，要下决心查办，实在不是件容易的事。如果说之前的党争还只是潮流暗涌的话，随着真实案情的明朗，朝中大臣很快就分成了两派，相互的争斗也就公开化了。

大学士翁同龢、翰林院编修夏同善、张家骧为首的一派官员，主张

对浙江承审官员严惩不贷。这一派多是浙江、江苏人，称为江浙派，所以很关注此案，又因为他们大多是文臣谏官，因而又被称为朝议派。

但另一派则认为刑部审验不足为凭，应该维持杨昌濬、胡瑞澜原判。这一派以湖南、湖北籍大臣居多，称两湖派，不过他们的首脑人物，并非两湖人士，而是贵州平远人丁宝桢。

就在这时，丁宝桢果然出现了，他的出现十分富有戏剧性。本来他当时任四川总督，刚好回京城办事，听说刑部在海会寺当众开棺验尸后，立即气势汹汹地赶去刑部，斥责刑部尚书桑春荣是老糊涂，说葛品连已经埋到地下三年，毒气早已消失，不能凭尸骨呈现黄色就认定不是中毒死亡，而是应该维持杨昌濬原判。还大发雷霆地说："这个铁案如果要翻，将来没有人敢做地方官了，也没有人肯为皇上出力办事了。"当时桑春荣已经写好了参革各承审大员的奏疏，丁宝桢声色俱厉的态度当即就把他吓坏了，竟然当场答应先压下奏疏，慎重研究后再说。

丁宝桢塑像

刑部尚书是朝廷重臣，丁宝桢只是封疆大吏，按理说桑春荣不至于怕丁宝桢，但丁宝桢为人敢做敢为，他之所以能声名鹊起、令天下人刮目相看是在同治八年七月杀安德海的事，那年慈禧太后派亲信太监安德海出京办事，被当时还是山东巡抚的丁宝桢抓住，之后就地正法，慈禧太后权势冲天，安德海是她手下最受宠信的人，可说放眼天下，没有人敢动安德海一根毫毛，丁宝桢却敢直接将其处死，一时天下皆惊。因为这一件事，京官们也都十分畏惧丁宝桢。

更有一种传说广为流传，说在背后支持丁宝桢的就是恭亲王奕䜣和慈安太后。正因为如此，丁宝桢大闹刑部的直接介入令杨乃武小白菜结案的局面更加复杂化，此时已经不仅仅是中央朝廷与湘军军事集团之间的争斗那么简单，传说恭亲王奕䜣和慈安太后均有意趁此机会打压慈禧太后，所以丁宝桢才气焰极盛。

正因为涉及种种势力，又是牵一发而动全身，慈禧太后一时之间也不知道该如何处理，因为无论偏袒哪派，另一派都不会答应。就在这位帝国的最高执政者犹豫不决的时候，都察院御史王昕上了一道奏折，这就是著名的《奏杨乃武葛毕氏冤案折》。

王御史上奏严惩，百余官顶戴被摘

原来刑部审案之时，不但利用证人、犯人和证据开审，还派出了以御史王昕为首的私访组赴余杭暗中调查，如"钱记爱仁堂"没有卖过砒霜的事就是在他这里得到证实的，所以王昕的这份奏折别有一番分量，其文如下：

伏读本月十六日上谕：刑部奏承审要案复验明确一折，浙江余杭县民人葛品连身死一案，该县原验葛品连尸身系属服毒殒命，现经该部复验，委系无毒因病身死，所有相验不实之知县刘锡彤，着即行革职，即着刑部提集案证，讯明有无故勘情弊，及葛品连何病致死，葛毕氏等因何诬认各节，按律定拟具奏。钦此。仰见我皇上钦恤用刑，慎重民命之至意。臣愚以为期罔为人臣之极罪，纪纲乃驱下之大权。我皇上明罚敕法，所以反复求详者，正欲伸大法于天下，垂炯戒于将来，不止为葛毕氏一案雪冤理枉之为。

伏查此案奉旨饬交抚臣详核于前，委派学臣复审于后，宜如何悉心研鞫，以副委任。万不料徇情枉法，罔上行私，颠倒是非，至于此极。现经刑部勘验，葛品连委系因病身亡，则其原定供招证据尽属捏造，不问可知。夫借一因病身亡之人，罗织无辜，锻炼成狱，逼以凌迟重典。在刘锡彤固罪无可恕，独不解杨昌浚、胡瑞澜身为大臣，迭奉严旨，何忍朋比而为此也。胡瑞澜承审此案，熬审逼供，唯恐翻异，已属乖谬。而其前后复审各折片，复敢狂易负气，刚愎估终，谓现审与初供虽有歧异，无关罪名出入，并请饬下各省著为律令。是明此案尽皆子虚，饰词狡辩，淆惑圣聪，其心尤不可问。而杨昌浚于刑部奉旨行提人证，竟公然斥言应取正犯确供为凭，纷纷提解，徒滋拖累。是直谓刑部不应请提，我皇上不应允准，此其心目中尚复知有朝廷乎？臣揆胡瑞澜，杨昌浚所以敢于为此者，盖以两宫皇太后垂帘听政，皇上冲龄践阼，大政未及亲裁，所以蔑法欺君，肆无忌惮。此其罪名，岂止如寻常案情专欲故入误入、已决未决比例轻重也？

臣惟近年各省京控，从未见一案平反，该督抚明知其冤，犹以怀疑误控奏结。又见钦差查办事件，往往化大为小，比小为无，积习瞻徇，牢不可破。唯有四川东乡县一案，该署督臣文格，始而回护，继而检举。设非此案在前，未必不始终欺饰。可见朝廷举动自有风声，转移之机正在今日。臣亦知此案于奏结时刑部自有定拟，朝廷必不稍事姑容。

惟念案情如此支离，大员如此欺罔，若非将原审大吏究出捏造真情，恐不足以昭明允而示惩儆。且恐此端一开，以后更无顾忌，大臣尚有朋比之势，朝廷不无孤立之忧。臣惟伏愿我皇上赫然震怒，明降谕旨，将胡瑞澜、杨昌浚瞻徇欺罔之罪，予以重惩。并饬部臣秉公严讯，按律定拟，不得稍有轻纵，以伸大法于天下，以垂炯戒于将来。庶几大小臣工知所恐惧，而朝廷之纪纲为之一振矣。

这份奏折语气严厉而尖锐，矛头直指江浙一派官员的不法行为，除了指责胡瑞澜、杨昌浚等承审官员"罗织无辜，锻炼成狱"外，更是巧妙地把胡瑞澜、杨昌浚的胆大妄为归结为欺负"两宫皇太后垂帘听政，皇上冲龄践祚，大政未及亲裁"。于是慈禧太后读到奏折后，顿时勃然变色，终于下定了决心整治此案中舞弊之官员。

光绪三年二月十六日，该案进行了最后的判定，刑部向两宫皇太后和光绪皇帝上奏本案审理结果，慈禧以光绪帝的名义发下来平反谕旨，着判如下：

本案主犯杨乃武与小白菜俱无罪开释，但二人虽无通奸，因同食教经，不知避嫌，杨乃武在申冤诉状中诬陷何春芳等人以脱己罪，杖一百，被革举人身份不予恢复。虽受冤三年，杨乃武也没有得到一丝赔偿。

小白菜因与杨乃武同桌共食、诵经读诗，不守妇道，致招物议，另不该攀诬杨乃武，杖八十，发回原籍。

葛品连母俞氏不该听信教唆，无事生非，姑念女流无知，杖一百，徒四年。

王心培、王林、冯许氏等邻居证言不实，杖八十，须交银才能赎罪。

余杭仵作沈祥，将病死尸体认作服毒，检验不实，使无辜惨遭重刑，杖八十，徒二年。

何春芳为虎作伥，诱供钱宝生，出具假供状，革去其生员的功名，着回原籍训导。但何春芳此时仍然在逃，刑部以重罪全国通缉。

刘锡彤的训导章潜革职查办。

刘锡彤之子刘子和因诱奸罪被判流放。

生员陈湖因无中生有，本有诽谤诬陷之罪，但其已在监狱病死，免予追究。

杨昌浚的门丁沈彩泉作为联络两头收受贿赂通关节的犯人也被带到北京，但此案中既不能提各级官吏行贿受贿之事，又不能轻易放过这个人，便在大清律例中找了一个罪名给他安上，叫做依仗长官滋事，杖一百，流三千里。

"钱宝生"已经病死，免予追究；姜位隆、刘殿臣各杖四十。这三人与本案实情本无任何关联，却因之受罪，可说是冤案中的另类"冤人"！

对该案中参审官吏的处罚是：

余杭县知县刘锡彤勘验不实，严刑逼供，着革职，从重发配黑龙江充军。因清律规定年逾七十的罪犯可以以银赎罪，当时刘锡彤年过七十，判决还特别规定他不准收赎，遇赦不赦。后来他于充军途中死去，也算罪有应得。

杭州知府陈鲁被革职查办。

浙江巡抚杨昌浚、浙江提督学政胡瑞澜均革职查办。二人均是从一品官员，刑部不敢拟处，而是"恭候钦定"。但奏折递上去的同一天，谕旨下达，将杨昌浚、胡瑞澜二人即行革职。杨昌浚虽然被革职，但第二年（光绪四年）就很快被重新起用，竟担任正二品闽浙总督，比从二品浙江巡抚还升了一级。因为他毕竟是两湖派系中举足轻重的人物，更是晚清四廷柱之一左宗棠的生死至友。他的起复也就不奇怪了。胡瑞澜则因为精明过火，糊涂断案，而且又因是奉旨断案，让慈禧丢了面子，根基也不是很深，再也没有起用。

浙江按察使蒯贺荪已死免议。

湖州府知府锡光，绍兴府知府龚同绥、富阳县知县许加德、黄岩县知县陈宝善，宁波知府边葆诚，嘉兴知县罗子森等均降职罚俸。

还有三个参审此案的候补知县顾德恒、郑锡海和龚世潼，由七品降

余杭杨乃武与小白菜奇案展示馆大门

为八品。

　　以上为对该案的主要涉案人员惩处，并未涵盖全部，有人做过统计，该案涉及300多名官员，其中有150多名六品以上的官员被革除顶戴花翎，永不续用，30余人被革职、充军或查办。

　　至此，历时三年半、轰动全国的杨乃武与小白菜案结束。

　　一件没有杀人犯的葛品连病死案，却弄假成真，导致自巡抚、学政至司道府县被革职者十六人，官级撤任被议者十余人，号称百年来巨案。一位叫黄潜的人在其《花随人圣庵摭忆》一文中为此叹道："此案所以成为轩然大波者，良非无故。盖其中有科名门第之争，官民之争，省籍成见之争，内外官之争，尤大者为疆吏枉法欺蒙朝廷之问题……各方勾心斗角之态可掬。"可谓一针见血的精辟点评了。

　　此外，这一案件在慈禧太后这里也有另外一种功用，那就是因马新贻案未能打击的一些湘军势力，也因该案受到了一定程度的惩处。此案从同治十二年（1873年）十月发案算起，到该案结束，前后历时三年零四个月，若不是最终演变成江浙派与两湖派的政治斗争，这个案子的结果真是很难预料。

千古奇冤杨毕案，劫波历尽度余生

　　光绪三年二月底，正是北京城最冷的时候，刑部大牢门口，走出了备受身心折磨的杨乃武与小白菜，二人重获自由，与亲人相聚，又悲又喜，宛如隔世重逢。杨乃武的家人和亲朋好友都已经等候在门口，当他看到为自己历经艰辛的姐姐杨菊贞和妻子詹彩凤时，忍不住泪如雨下。另外还有许多人，认识的不认识的，对于这些危难之中帮助他的朋友，他只能用伏地叩拜来表示感谢。

　　而一边的小白菜则形只影单，没有一个亲人来迎接她。她本来也不在意他们，此时她唯一想做的事情，可能就是走过去对杨乃武说上几句话，表达她的愧疚之情。然而，当她看到杨乃武形容枯槁、双腿已经残废时，再也没有勇气。她默然转身离开，泪水无声地流过了她的脸颊。

　　小白菜不久后回到余杭，公婆不再接纳她，生母也无法为她提供庇护，本该由官府为她择配，但她发誓不再嫁人，而是选择了到余杭南门外石门塘准提庵出家为尼，出家那天，邻里董高氏等18位大嫂送她到余杭南门外石门塘准提庵中，庵中主持慈云老尼给她取法名慧定，法名慧定，从此她相伴青灯古佛，因准提庵里香火不盛，慈云圆寂后，她便以养鸡种菜为生，小白菜在这里生活了余生的53年，就在晨钟暮鼓、孤苦无依中了此残生。

　　杨乃武出狱后，想去答谢在京的浙江籍官员，此时的他已是双踝肿

小白菜出家的准提庵（后建）

烂，遍体鳞伤，但仍同妻子詹氏乘车遍叩曾在此案中对他有帮助的人。但人太多，一些伸过援手的高官选择了婉拒不见，那些人帮助他，有伸张正义的，有出于同情的，也有要趁机搞政治斗争的，但无论如何，人家终究是帮了他的，见与不见，杨乃武都在心里谢过他们。

此时杨乃武及家人已是身无分文，就连杨乃武全家返回家乡的路费，还是靠了妻子詹氏拿胡雪岩的书信找到北京阜康分号，得到了他们的资助才回到家乡余杭的。回到余杭老家，杨乃武才知家中也已是徒剩四壁，因为家人为了救他，三年来已经变卖了所有家产，一贫如洗。

平反这一年，杨乃武 36 岁，在家里静养了一年之久，刑伤方才痊愈。但身体创伤虽愈，心灵创伤难平，三年多的牢狱之灾、各种刑罚残忍折磨以及长久的精神压力，杨乃武虽死里逃生，但受此打击，他性格大变，原本大胆耿直的他变得极怕招惹事端。但由于他名声太盛，回家之后，找他来写状子的人比以前更多了。开始杨乃武还尽力推托，后来又因家境又十分困难，希望借此得些补贴，但他又不敢去写，因为怕官府认出他的字迹，有人替他出了个主意，让他把状子写在水牌上，别人抄好后擦除；或用沙泥铺地，执棍棒在沙泥上写状词，再由别人缮抄入纸，这样不留笔迹，不会再遭横祸。

杨乃武养好伤后，还曾到上海去拜访《申报》编辑人员，感谢他们仗义执言。《申报》的英国老板美查接见了他，也知道他文采出众，又成了公众人物，便挽留他在《申报》担任主笔。杨乃武感恩图报，欣然从命。但只做了一个多月，就因一篇文章得罪了出使英法二国大臣郭嵩焘，郭嵩焘勃然大怒，从英国请了一位著名的律师，专程赶往上海，要与《申报》打官司，并用官威催责上海道要报馆交出编辑和作者。杨乃武一听此事，立即如惊弓之鸟，当天便辞别《申报》逃回余杭。后来在余杭县对任何人都未提起过自己曾在《申报》任职的事，据说连他自己的家人也不知道。

余杭盛产丝棉，行销全国。杨乃武祖上以种桑养蚕为业，之后他便在亲戚朋友的帮助下赎回几亩桑地，又开始以养蚕种桑为生，专心研究孵育蚕种。杨家本来就是世代养蚕，对育种有一定经验。过了三年，杨乃武所育蚕种的名气就传开了，远近都来购买，日子也渐渐好转。杨乃武家的蚕种牌记是"凤参牡丹，杨乃武记"。凡是杨家出卖的蚕种，都标上了这个牌记。因为这种"凤参牡丹"蚕种的孵化率高、抗疫性强，所以一度名扬杭嘉湖平原。直到今天，该蚕种仍为业内人士所称道。

对于因该案而无故受冤的"钱宝生"，杨乃武认为是自己畏刑乱供，攀咬"钱宝生"在先，钱坦后来作伪证是不得已而为之，更对其无故身死而深感悲痛，所以对钱家人怀有愧疚之心，后来他找机会还

杨乃武老年像

小白菜墓碑上的文字

给"钱记爱仁堂"药铺写了一副对子以表歉意。该对联上联是：名场利场，即是戏场，做得出满天富贵。下联为：寒药热药，无非良药，医不尽遍地炎凉。横批：镜花水月。

而对于小白菜，这个让杨乃武一度动心、又一度深恨的人，杨乃武也是怜而愧之。虽然小白菜诬攀于他，导致他经此大难，但杨乃武觉得事情的缘起并不是小白菜，而是他得罪官场的缘故，所以如果细究起原委来，应该是自己害了她才对。杨乃武还多次对家人道："毕秀姑是因屈打成招，逼于酷刑才诬陷于我，这事不能怪她。"

据有关人士考证，杨乃武还曾到小白菜出家的准提庵中去过一次，想必双方相见之时，彼此都深感内疚，千言万语意不尽，衷肠未诉已断肠，或许在相见的那一刻，双方都深深理解了对方，并都选择了原谅。

对于亲身遭受的冤狱，杨乃武并没有忘记，他曾将此案的邸报抄录下来，还将案情经过补写了日记。可惜后来这些珍贵的当事人的第一手材料均散失。不过其妻詹彩凤生有一子一女，儿子名杨卿伯，女儿名杨潜。杨潜后来根据自己记忆中的父亲所写的日记，写下了《记我父杨乃武与小白菜的冤狱》，可算是最贴近当事人的案情纪录。

案件平反之后，杨乃武算是安静地度过了自己的后半生。直到民国三年（1914年），杨乃武后颈部患疮疽之症，医治无效去世，终年74岁，葬于余杭镇西北舟枕乡安山村白虎山新庙前。据说杨乃武生前钻研阴阳术，墓地是他自己选定的。

16年后的民国十九年（1930年），小白菜于准提庵中圆寂，终年七十五岁，是坐于一荷花缸中圆寂的。据说在临死前，她托庵中的妙真尼姑写了一份遗言，由她口述、妙真执笔，大意是说："杨二爷蒙受天大不白之冤"，"均我所害"，"二爷之恩，今生今世无法报答，只有来生再报。我与二爷之间绝无半点私情，纯属清白。后人如有怀疑，可凭此字条作证"。可见她对杨乃武是很有感情的，并且至死也没有忘记杨乃武。

小白菜死后，仓前镇上以董润卿为首的东南义庄会同姚锡和、沈尔康等绅士商议，把她安放大东门外文昌阁附近小青庙的地方，为她建造了由六块青石板拼缀而成的坟塔。

坟塔正面石板上有董季麟秀才赋的两首诗：一首是"自幼持斋愿守贞，此身本不恋红尘。冤缘强合皆前定，奇祸横加几莫伸。纵幸拨云重见日，计经万苦与千辛。略将往事心头溯，静坐蒲团对碧筠。"另一首是"顶礼空皇了此身，哓哓悔作不平鸣。奇冤几许终昭雪，积恨全消免覆盆。泾渭从来原有别，是非谁谓竟无凭。老尼自此真离脱，白水汤汤永结盟。"

1965年，余杭塘河拓宽，文昌阁拆除，小白菜的坟塔倒在河里，小白菜圆寂其中的荷花缸被长松一农民拾起并保存。1985年，仓前镇政府将荷花缸回收，并拨款按原样在宝塔山东麓重建了坟塔。

一件冤案，一曲挽歌，因杨乃武与小白菜二人之故事太过传奇，还在二人在世时，他们的故事就被编成小说、戏曲、评弹传唱民间，后又被拍成电影和电视剧等，成了家喻户晓的故事，让后人哀怜、叹息。

附录：中国清代皇帝简表

庙号	姓名	在世时间	在位时间	年号	皇陵
清太祖	爱新觉罗·努尔哈赤	1559—1626	1616 年～1626 年	天命	福陵
清太宗	爱新觉罗·皇太极	1592—1643	1626 年～1643 年	天聪 崇德	昭陵
清世祖	爱新觉罗·福临	1638—1661	1643 年～1661 年	顺治	孝陵
清圣祖	爱新觉罗·玄烨	1654—1722	1661 年～1722 年	康熙	景陵
清世宗	爱新觉罗·胤禛	1678—1735	1722 年～1735 年	雍正	泰陵
清高宗	爱新觉罗·弘历	1711—1799	1735 年～1795 年	乾隆	裕陵
清仁宗	爱新觉罗·颙琰	1760—1820	1796 年～1820 年	嘉庆	昌陵
清宣宗	爱新觉罗·旻宁	1782—1850	1820 年～1850 年	道光	慕陵
清文宗	爱新觉罗·奕𬣞	1830—1861	1850 年～1861 年	咸丰	定陵
清穆宗	爱新觉罗·载淳	1856—1875	1861 年～1875 年	祺祥 同治	惠陵
清德宗	爱新觉罗·载湉	1871—1908	1875 年～1908 年	光绪	崇陵
	爱新觉罗·溥仪	1906—1967	1908 年～1912 年	宣统	华龙陵园

注：宣统帝溥仪因是末代皇帝，没有庙号，初葬八宝山革命公墓，后在家属要求下移葬华龙陵园。

晚清四大奇案之谜

参考资料

[1]《中华名伶传奇丛书——杨月楼》，纪丁、刘淑兰 著，人民音乐出版社，2000 年 4 月出版。

[2]《刺马案探隐》，高尚举 著，北京图书馆出版社，2001 年 4 月出版。

[3]《1877 帝国司法的回光返照：晚清冤狱中的杨乃武案》，陆永棣 著，法律出版社，2006 年 11 月出版。

[4]《刺马》，平江不肖生 著，中国广播电视出版社，2005 年 1 月出版。

[5]《张文祥刺马案》，平江不肖生 著，中国文联出版公司，1996 年 2 月出版。

[6]《张文祥刺马》，李慈铭、张道贵、丁凤麟 著，岳麓书社，1986 年出版。

[7]《千古冤 杨乃武与小白菜 张文祥刺马》，缪灵珠、章安祺 编，山西人民出版社，1998 年 1 月出版。

[8]《马新贻文案集录》，高尚举 主编，中央民族大学出版社，2001 年 5 月出版。

[9]《杨乃武与小白菜案》，黄南丁 著，中国文联出版社，1996 年 2 月出版。

[10]《杨乃武与小白菜》，高阳 著，浙江文艺出版社，1987 年 6 月出版。

[11]《给历史把脉之疑难杂案 匪夷所思的谜团揭秘》，张程 著，中国画报出版社，2010 年 5 月出版。

[12]《中华上下五千年断案趣话》，吴维 主编，西苑出版社，2009 年 11 月出版。

[13]《清朝十大奇案》，柯愈春 编，人民日报，2011 年 3 月出版。

[14]《伦理与生活——清代的婚姻关系》，郭松义 编著，商务印书馆，2000 年 8 月出版。

[15]《清代社会的贱民等级》，经君健 编著，中国人民大学出版社，2009 年 11 月出版。

[16]《晚清生活掠影》，焦润明、苏晓轩 编著，沈阳出版社，2002 年 8 月出版。

[17]《〈大清律例〉与清代的社会控制》，沈大明 著，上海人民出版社，2007 年 3 月出版。

[18]《清代民事诉讼与社会秩序》，吴欣 著，中华书局，2007 年 10 月出版。

[19]《清代的法律、社会与文化：民法的表达与实践》，黄宗智 著，上海书店出版社，2007 年 1 月出版。